山东省农村公路建设与养护技术指南丛书

Shandong Sheng Nongcun Gonglu Jianshe Yu Yanghu Jishu Zhinan

山东省农村公路建设与养护技术指南

Di-si Fence Qiaohan Gongcheng

第四分册　桥涵工程

山东省交通运输厅

人民交通出版社股份有限公司
China Communications Press Co.,Ltd.

内 容 提 要

本书为《山东省农村公路建设与养护技术指南》桥涵工程分册，系在现行相关标准、规范基础上，总结山东省多年实践经验及成果编制而成，内容涉及桥梁基础、简支梁桥、石拱桥、涵洞的施工及养护技术等。本指南对于规范山东省农村公路桥涵施工与养护、确保建设质量、提高投资效益，具有很好的指导作用。

本书适用于山东省农村公路新建、改建以及大修工程的桥涵工程，也可供其他省份相关管理与技术人员参考使用。

图书在版编目(CIP)数据

山东省农村公路建设与养护技术指南. 第四分册，桥涵工程 / 山东省交通运输厅组织编写. —北京：人民交通出版社股份有限公司，2014.11

ISBN 978-7-114-11873-9

Ⅰ. ①山… Ⅱ. ①山… Ⅲ. ①农村道路—道路建设—山东省—指南②农村道路—公路养护—山东省—指南③农村道路—公路桥—桥涵工程—山东省—指南 Ⅳ. ①U41-62

中国版本图书馆 CIP 数据核字(2014)第 275141 号

山东省农村公路建设与养护技术指南丛书

书　　名：**山东省农村公路建设与养护技术指南　第四分册　桥涵工程**
著 作 者：山东省交通运输厅
责任编辑：郑蕉林　牛家鸣
出版发行：人民交通出版社股份有限公司
地　　址：(100011)北京市朝阳区安定门外外馆斜街 3 号
网　　址：http://www.ccpress.com.cn
销售电话：(010)59757973
总 经 销：人民交通出版社股份有限公司发行部
经　　销：各地新华书店
印　　刷：北京市密东印刷有限公司
开　　本：880 × 1230　1/16
印　　张：10.5
字　　数：211 千
版　　次：2016 年 1 月　第 1 版
印　　次：2016 年 1 月　第 1 次印刷
书　　号：ISBN 978-7-114-11873-9
定　　价：34.00 元

山东省交通运输厅关于发布《山东省农村公路建设与养护技术指南(试行)》的通知

鲁交建管函〔2015〕25号

各市交通运输局(委)、厅直有关单位:

为进一步加强全省农村公路技术支持和业务指导,提升农村公路建设和养护工作水平,经省厅研究同意,现发布《山东省农村公路建设与养护技术指南(试行)》,自2016年1月1日起执行。

请各有关单位在实践中注意积累资料,总结经验,及时将发现问题和修改意见函告省厅建设管理处(地址:济南市市中区舜耕路19号,邮编:250002,电话:0531-85693057),以便修订时研用。

山东省交通运输厅

2015年12月11日

前　　言

农村公路是支撑农业和农村经济社会发展的重要基础设施，加快农村公路建设是改善农村生产、生活条件，发展农村经济，解决“三农”问题的基础和前提。农村公路的建设对于推动农村经济社会又好又快发展具有极其重要的现实意义和深远的历史意义。

加快农村公路建设是山东省“十三五”交通工作的重要组成部分。为了提高农村公路建设养护技术水平，确保农村公路建设和服务质量，山东省交通运输厅结合本省农村公路建设和养护实际情况组织编写了本书。

本书全面系统地介绍了农村公路桥涵施工和养护技术的基本知识、技术要点，内容涵盖桥梁基础、简支梁桥、石拱桥、涵洞的施工养护技术等方面。本书内容丰富、图文并茂、重在实用性和可操作性，主要供基层公路施工管理、技术人员使用。

在本书编写过程中，尽管我们作了很大努力，但由于全省各地区差异很大，很难全面吸收各单位的新工艺、新技术、新设备、新材料以及相关实用技术，加之作者水平有限，经验不足，时间紧迫，疏漏和错误之处在所难免，敬请读者批评指正。

主编单位：山东省交通规划设计院、山东交通学院、山东大学

主要编写人员：毕玉峰、孟涛、庞传琴、杨玉涛、李超、张宏博、宋修广、刘培刚、刘振广、刘伟、马川义、王健、陆岩、李春良、王玉兰

主要编审人员：于洪亮、高立平、张晓虎、王林、侯德藻、贾强、古成浩

主要技术支持人员：姚福林、胡振虎、赵子义、黄绍锋、王建华、张浩、邵学良、孙开森、许维智、张世武、赵勇、王焕杰、刘波、姜晓艳、张广池、刘亚坤、郭启锋、王杰伟、钟竹林、郭忠启、陈祥金、卜照传、陈建华、郭英、类延军、贾大新、刘东海、荆平平、田身泉、朱子坤、贾兵厂、张玉珊、高辉

编　者

2015 年 12 月

目　　录

上篇　桥涵工程建设技术

第 1 章　总则……3
1.1　目的……3
1.2　适用范围……3
1.3　编制依据……4
1.4　总体要求……4
第 2 章　术语……5
第 3 章　桥梁的组成与分类……7
3.1　桥梁的组成……7
3.2　桥梁的分类……8
第 4 章　技术标准……9
4.1　基本原则……9
4.2　设计洪水频率……9
4.3　设计汽车荷载等级……9
4.4　桥下净空……9
4.5　设计纵坡……9
第 5 章　常用建筑材料……10
5.1　圬工材料……10
5.2　钢筋混凝土……11
第 6 章　桥涵设计……13
6.1　墩台与基础……13
6.2　梁桥……14
6.3　拱桥……15
6.4　涵洞……16

第7章　桥涵施工 …… 19
7.1　基本原则 …… 19
7.2　施工准备 …… 19
7.3　施工测量 …… 19
7.4　基础施工 …… 19
7.5　承台与墩台 …… 21
7.6　台背回填 …… 21
7.7　砌体勾缝及养护 …… 22
7.8　拱桥 …… 22
7.9　梁式桥 …… 23
7.10　桥面及附属工程 …… 24
7.11　漫水桥 …… 24
7.12　涵洞 …… 25
附录A　桥梁基础施工 …… 27
A.1　桥梁基础施工的基本知识 …… 27
A.2　明挖扩大基础施工 …… 28
A.3　桩基础施工 …… 31
附录B　简支梁桥施工 …… 37
B.1　一般知识 …… 37
B.2　施工工序 …… 38
B.3　施工工艺 …… 39
B.4　钢筋混凝土现浇梁桥施工要点 …… 49
B.5　施工质量控制与检测 …… 50
附录C　涵洞施工 …… 56
C.1　涵洞的基础知识 …… 56
C.2　涵洞施工工序及要点 …… 58
C.3　其他小型排水结构 …… 61
C.4　质量控制与检测 …… 62
附录D　石拱桥施工 …… 64
D.1　石拱桥的基本知识 …… 64
D.2　石拱桥施工工序 …… 66
D.3　石拱桥施工工艺 …… 67

D.4　施工质量与控制 …… 72
附录 E　明挖扩大基础的围堰方案 …… 76
E.1　土石围堰 …… 76
E.2　土围堰 …… 76
E.3　土袋围堰 …… 76
E.4　竹笼、木笼、铅丝笼及钢笼围堰 …… 77
E.5　膜袋围堰 …… 77
附录 F　水泥混凝土面层施工工艺 …… 78
F.1　总体施工工序 …… 78
F.2　施工准备阶段 …… 79
F.3　混凝土拌和、运输、摊铺、振捣 …… 79
F.4　表面整修、拉纹和养生 …… 80
附录 G　泥结碎石面层施工工艺 …… 82

下篇　桥涵工程养护技术

第 1 章　总则 …… 85
1.1　目的 …… 85
1.2　适用范围 …… 85
1.3　编制依据 …… 85
1.4　总体要求 …… 85
第 2 章　术语 …… 87
第 3 章　检查与评定 …… 89
3.1　养护检查 …… 89
3.2　养护评定 …… 93
第 4 章　桥梁上部结构养护与维修 …… 95
4.1　桥面系的养护与维修 …… 95
4.2　钢筋混凝土梁桥的养护与加固 …… 96
4.3　预应力混凝土梁桥的养护与加固 …… 98
4.4　拱桥的养护与加固 …… 98
4.5　桥梁支座的养护与更换 …… 101
第 5 章　桥梁下部结构养护与维修 …… 102
5.1　墩台基础的养护与维修 …… 102

5.2 墩台的养护与加固 …… 104
5.3 锥坡、翼墙的养护 …… 105
第6章 超重车辆过桥措施 …… 106
6.1 一般规定 …… 106
6.2 超重车辆过桥的检算及荷载试验 …… 106
6.3 加固措施 …… 107
6.4 超重车辆过桥的技术管理 …… 107
第7章 漫水桥、漫水路面养护 …… 108
第8章 调治构造物的养护与维修 …… 109
8.1 调治构造物的日常养护 …… 109
8.2 调治构造物的维修与加固 …… 109
第9章 桥梁灾害防治与抢修 …… 111
9.1 一般规定 …… 111
9.2 水毁防治 …… 111
9.3 洪水期的抢险与维修 …… 113
9.4 冰害防治 …… 114
9.5 冻害防治 …… 114
9.6 泥石流防治 …… 115
第10章 涵洞的养护与维修 …… 116
第11章 养护管理 …… 118
11.1 一般管理 …… 118
11.2 信息化管理 …… 118
11.3 养护工程管理 …… 119
11.4 公路检查 …… 119
11.5 档案管理 …… 120
第12章 公路养护作业安全 …… 122
12.1 一般规定 …… 122
12.2 养护作业安全 …… 122
附录A 钢筋混凝土及预应力混凝土桥的养护 …… 124
A.1 简支梁的常见缺陷及成因 …… 124
A.2 混凝土梁桥常见病害及采用的处理方法 …… 128
A.3 混凝土梁桥加固方法及使用范围 …… 129

附录 B　基础冲刷防护 …… 132
附录 C　桥梁墩台基础的养护、维修和加固 …… 137
C.1　墩台、基础的养护 …… 137
C.2　墩台、基础的维修 …… 137
附录 D　涵洞的养护和维修 …… 141
D.1　涵洞的日常养护 …… 141
D.2　涵洞常见病害及处治 …… 141
D.3　涵洞加固 …… 144
附录 E　支座的养护维修 …… 146
附录 F　拱桥的养护 …… 148
F.1　圬工拱桥日常养护维修 …… 148
F.2　圬工拱桥常见的病害及其成因和养护维修措施 …… 148
F.3　圬工拱桥的加固 …… 150
附录 G　桥面系的养护 …… 152
附录 H　调治构造物的养护 …… 154
H.1　调治构筑物的养护 …… 154
H.2　调治构造物的维修与加固 …… 154
参考文献 …… 156

上篇　桥涵工程建设技术

第1章　总则

1.1　目的

为加强山东省农村公路桥涵建设与养护的技术指导，确保建设质量，提高投资效益，根据公路桥涵工程相关技术规范，结合山东省农村公路桥梁、涵洞建设实际，制订本指南。

1.2　适用范围

本指南适用于山东省县道、乡道、村道等各级农村公路桥梁、涵洞的新建、改建以及大修工程。

1.3　编制依据

(1)《公路桥涵设计通用规范》(JTG D60—2004)。
(2)《公路圬工桥涵设计规范》(JTG D61—2005)。
(3)《公路钢筋混凝土及预应力混凝土桥涵设计规范》(JTG D62—2004)。
(4)《公路桥涵施工技术规范》(JTG/T F50—2011)。

1.4　总体要求

(1)农村公路桥涵建设应结合农田基本建设，根据使用功能、通行能力和排灌、行洪要求，按照"就地取材、便于施工和养护"的指导思想，遵循"安全、耐久、适用、环保、经济和美观"的原则进行。根据农村经济发展水平和农牧民出行需要，一条农村公路可视情况分段采用不同技术等级，但不同技术等级或不同设计速度变更点，应选择在驾驶员容易判断路况变化的地形变化处或路线交叉地点，并设置警示标志。小桥和涵洞原则上与路基同宽，对超过路基宽度的桥梁，其桥头两端引道处应设置明显的安全防护设施和警告标志。

(2)新建和改建桥涵宜采用标准跨径、技术成熟、容易施工、经济适用的桥涵形式。季节性的宽浅河流或泥石流流通区可修建漫水桥或过水路面。

(3)桥涵的跨径小于或等于50m时，宜采用标准化跨径。桥涵标准化跨径规定如下：

0.75m、1.0m、1.25m、1.5m、2.0m、2.5m、3.0m、4.0m、5.0m、6.0m、8.0m、10m、13m、16m、20m、25m、30m、35m、40m、45m、50m(注:桥梁全长,有桥台的桥梁应为两岸桥台侧墙或八字墙尾端间的距离,无桥台的桥梁应为桥面系长度。)

(4)对窄桥加宽应采用与原有桥梁相同(或相近)的结构形式和跨径,以使新老桥受力均匀;对于使用状况良好,因经济条件暂不加宽的桥梁,其两端应设置路基过渡段和窄桥标志及其他必要的交通安全设施。

(5)二级以上农村公路和中型以上桥梁工程项目的设计,分初步设计和施工图设计两个阶段进行;其他农村公路工程项目可以直接采用施工图一阶段设计。四级以上农村公路和中型以上桥梁、隧道工程的设计,应当由具有相应资质的设计单位承担;其他农村公路工程的设计,可以由县级人民政府交通主管部门组织有相关工程技术资格的技术人员承担。

第2章　术语

2.0.1　县道

县道是指全县(含其他县级行政区划)具有政治、经济意义,联结县城和县内乡(镇)、重要商品生产和集散地的主要公路,以及不属于国道、省道的县际间的主要公路。

2.0.2　乡道

乡道是指主要为乡(镇)内部经济、行政服务的公路,以及不属于县道及以上公路的乡与乡之间和乡与外部联络的公路。

2.0.3　村道

村道是指直接为农民群众生产、生活服务,不属于乡道及以上公路的建制村与建制村之间和建制村与外部联络的主要公路。

2.0.4　硬化路面

硬化路面是指使用水泥或沥青和砂石等混合材料铺筑的路面。

2.0.5　泥石路面

泥石路面是指使用干压碎石、泥结碎(砾)石、矿渣、炉渣土、砾石土和砂砾土等加固土铺筑的路面。

2.0.6　圬工桥涵

圬工桥涵是指以石材或混凝土,包括以其块件和砂浆或小石子混凝土结合而成的砌体作为建筑材料,所建成的桥梁和涵洞。

2.0.7　极限状态

整体结构或结构的一部分超过某一特定状态就不能满足设计规定的某一功能要求时,此特定状态为该功能的极限状态。

2.0.8　涵洞

涵洞是指为保证地面水流能够横穿路堤而设置的小型构造物,一般由基础、洞身、洞口组成。

2.0.9　管涵

管涵是指洞身为圆管形的涵洞。

2.0.10　拱涵

拱涵是指洞身截面顶部呈拱形的涵洞。

2.0.11　箱涵

箱涵是指洞身为钢筋混凝土箱形截面的涵洞。

2.0.12　盖板涵

盖板涵是指洞身以钢筋混凝土板、石板等作为顶盖的涵洞。

2.0.13　压力式涵洞

压力式涵洞是指进、出洞口都被水流淹没,洞身内通长全断面过水且洞内顶部承受水头压力的涵洞。

2.0.14　半压力式涵洞

半压力式涵洞是指进口被水流淹没,洞身内只有部分段落承受水头压力的涵洞。

2.0.15　无压力式涵洞

无压力式涵洞是指洞身全长的水流处于无压流动状态下的涵洞。

2.0.16　倒虹吸涵

倒虹吸涵是指路基两侧水流都高于涵洞进、出水口,且靠水流压力通过形似倒虹吸的涵洞。

第3章　桥梁的组成与分类

3.1　桥梁的组成

一般桥梁由桥跨结构(或成桥孔结构、上部结构)、支座系统、桥墩与桥台、墩台基础、桥梁附属构造等部分组成。

3.1.1　桥跨结构

桥跨结构是路线遇到障碍(如江河、山谷或其他路线)中断时,跨越这类障碍的结构物。

3.1.2　支座系统

支座系统是用来支承上部结构并传递荷载于桥梁墩台上,应保证上部结构在荷载、温度变化或其他因素作用下所预计的位移功能。

3.1.3　桥墩与桥台

桥梁墩台是在河中或岸上支承两侧桥跨上部结构的建筑物,是桥梁结构的重要组成部分,主要由墩台帽、墩台身和基础三部分组成。

桥台一般设在桥的两端,一侧与路基相接,并防止路堤滑塌,为保护桥台和路堤填土,桥台两侧常做一些防护工程;另一侧则支承桥跨上部结构的端部。

3.1.4　墩台基础

墩台基础是保证桥梁墩台安全并将荷载传至地基的结构部分。基础工程在整个桥梁施工中是比较困难的部分,而且常常需要在水中施工,因此遇到的问题也很复杂。

3.1.5　桥梁附属设施

(1)桥面铺装

桥面铺装又称为行车道铺装,亦称桥面保护层,它是车轮直接作用的部分。桥面铺装的作用在于防止车辆轮胎或履带直接磨耗行车道板,保护主梁免受雨水侵蚀,并对车辆轮重的集中荷载起分布作用。因此,行车道铺装要求有抗车辙、行车舒适、抗滑、不透水(和桥面板一起作用时)、刚度好等性能。行车道铺装可采用水泥混凝土、沥青混凝土、沥青表面处治和泥结碎石等各种类型材料。

山东省农村公路中水泥混凝土和沥青混凝土桥面铺装用得比较广，能满足各项要求。水泥混凝土铺装的耐磨性能好，适合重载交通，但养生期长，后期修补较麻烦。沥青混凝土铺装维修养护方便，但易老化变形。沥青表面处治和泥结碎石桥面铺装，耐久性较差，仅在中级和低级公路桥梁上使用。

(2)排水防水系统

桥面的防水层设置在行车道铺装层下面，它将透过铺装层渗下的雨水汇集到排水设备(如泄水管等)排出。

为迅速排除桥面积水，防止雨水积滞于桥面并渗入梁体而影响桥梁的耐久性，在桥梁设计时要有一个完整的排水系统。在桥面上除设置纵横坡排水外，常常需要设置一定数量的泄水管。

(3)防撞护栏(或栏杆)

人行道栏杆既是保证安全的构造措施，又是有利于观赏的最佳装饰件。防撞护栏按防撞性能分为刚性护栏、半刚性护栏和柔性护栏。

(4)伸缩缝

伸缩缝是桥跨上部结构之间或在桥跨上部结构与桥台端墙之间设置的缝隙，以保证结构在各种因素作用下的变位。为使在桥面上行车舒适，无任何颤动，桥上要设置伸缩缝构造。伸缩缝种类很多，主要可分为五大类，即对接式伸缩缝、钢制支承式伸缩缝、橡胶组合剪切式伸缩缝、模数支承式伸缩缝和无缝式伸缩缝。

3.2　桥梁的分类

农村公路常用桥梁结构类型按照主要结构采用的材料来划分，有木桥、钢桥、圬工桥(包括砖、石、混凝土桥)、钢筋混凝土桥和预应力钢筋混凝土桥。根据调查，山东省农村公路中以圬工桥、钢筋混凝土桥和预应力钢筋混凝土桥应用最为广泛。

按结构体系划分，有梁式桥、拱桥、刚架桥、缆索承重桥(即悬索桥、斜拉桥)四种基本体系，其他还有几种由上述基本体系组合而成的组合体系。山东省农村公路中以梁式桥和拱桥所占比例最大。

按照使用功能划分，除一般公路桥梁外，还有部分漫水桥、渡槽等特殊桥梁构造物。

按照跨径划分，有特大桥、大桥、中桥、小桥和涵洞(表 1-1-1)。

桥 涵 分 类　　表 1-3-1

桥 涵 分 类	多孔跨径总长 L(m)	单孔跨径 L_k(m)
特大桥	$L>1\,000$	$L_k>150$
大桥	$100\leqslant L\leqslant 1\,000$	$40\leqslant L_k\leqslant 150$
中桥	$30<L<100$	$20\leqslant L_k<40$
小桥	$8\leqslant L\leqslant 30$	$5\leqslant L_k<20$
涵洞	—	$L_k<5$

第 4 章　技术标准

4.1　基本原则

农村公路建设标准及技术指标的选择，应符合有关标准规范的规定。对于受地形、地质等自然条件和农村经济条件限制的路段，其技术标准无法达到等级公路的技术标准时，可结合当地实际和经济发展水平，制定适用于当地的农村公路技术标准。县道、乡道建设不得低于四级公路技术标准。村道建设应当根据当地实际需要和经济条件确定技术标准，一般不低于四级公路技术标准。

4.2　设计洪水频率

永久性桥梁设计洪水频率应符合表 1-4-1 的相关规定。

桥涵设计洪水频率　　表 1-4-1

公路等级	设计洪水频率				
	特大桥	大桥	中桥	小桥	涵洞及小型排水构造物
一级公路	1/300	1/100	1/100	1/100	1/100
二级公路	1/100	1/100	1/100	1/50	1/50
三级公路	1/100	1/50	1/50	1/25	1/25
四级公路	1/100	1/50	1/50	1/25	不作规定

4.3　设计汽车荷载等级

新建桥涵设计的汽车荷载等级宜满足公路-Ⅰ级，等级公路上桥涵设计汽车荷载等级应满足相关规范标准。

4.4　桥下净空

农村公路桥梁桥下净空一般应满足以下要求：

（1）通航或流放木筏的河流，桥下净空应符合通航标准及流放木筏的要求。

（2）跨线桥桥下净空应符合被交叉公路、铁路、其他道路等建筑限界的规定。

(3)桥下净空还应考虑排洪、流冰、漂流物、冰塞以及河床冲淤等情况。

4.5　设计纵坡

设计纵坡桥梁及其引道的平、纵、横技术指标应与路线总体布设相协调。桥上纵坡不宜大于4%,桥头引道纵坡不宜大于5%;位于市镇混合交通繁忙处,桥上纵坡和桥头引道纵坡均不得大于3%;桥头两端引道线形应与桥上线形相配合。

第5章 常用建筑材料

5.1 圬工材料

农村公路常用的圬工材料包括石材、混凝土和砂浆,其强度等级应按下列规定采用。

(1)石材强度等级:MU120、MU100、MU80、MU60、MU50、MU40、MU30。

(2)混凝土强度等级:C50、C40、C35、C30、C25、C20、C15。

(3)砂浆强度等级:M20、M15、M10、M7.5、M5。

公路圬工桥涵结构物所使用的材料的最低强度等级见表1-5-1。

圬工桥涵结构物所使用材料的最低强度等级 表1-5-1

结构物种类	材料最低强度等级	砌筑砂浆最低强度等级
拱圈	MU50石材 C25混凝土(现浇) C30混凝土(预制块)	M10(大、中桥) M7.5
大、中桥墩台及基础,轻型桥台	MU40石材 C25混凝土(现浇) C30混凝土(预制块)	M7.5
小桥涵墩台、基础	MU30石材 C20混凝土(现浇) C25混凝土(预制块)	M5

砌体工程所用的石料应符合下列规定:

(1)石料应符合设计规定的类别和强度,石质应均匀、不易风化、无裂纹。一月份平均气温低于-10℃的地区,除干旱地区的不受冰冻部位外,所用石料应通过冻融试验确保其抗冻性指标合格后,方可使用。

(2)片石的厚度应不小于150mm。用作镶面的片石,应选择表面较平整、尺寸较大者,并应稍加修整。

(3)块石的形状应大致方正,上下面应大致平整,厚度应为200~300mm,宽度应为厚度的1.0~1.5倍,长度应为厚度的1.5~3.0倍。块石如有锋棱锐角,应敲除。块石用作镶面时,应从外露面四周向内稍加修凿;后部可不作修凿,但应略小于修凿部分。

(4)粗料石的外形应方正,呈六面体,厚度应为200~300mm,宽度应为厚度的1.0~1.5倍,长度应为厚度的2.5~4.0倍,表面凹陷深度应不大于20mm。加工镶面粗料石时,丁石长度应比相邻顺石宽度大150mm;修凿面每100mm长需有錾路4~5条,侧面修凿面应与外露面垂直，正面凹陷深度不应超过 15mm；外露面带细凿边缘时，细凿边缘的宽度应为 30 ~ 50mm。

用于砌体工程的混凝土预制块，其规格、形状和尺寸应统一，表面应平整，强度应符合设计要求。

砌筑采用的砂浆应符合下列规定：

(1) 砌筑用砂浆的类别和强度等级应符合设计规定。

(2) 砂浆中所用水泥、砂、水等材料的质量应符合规范规定。砂宜采用中砂或粗砂，当缺乏天然中砂或粗砂时，可采用满足质量要求的机制砂代替；在保证砂浆强度的基础上，也可采用细砂，但应适当增加水泥用量。砂的最大粒径，当用于砌筑片石时，不宜超过 5mm；当用于砌筑块石、粗料石时，不宜超过 2.5mm。

(3) 砂浆的配合比应通过试验确定，当变更砂浆的组成材料时，其配合比应重新试验确定。砂浆应具有良好的和易性，用于石砌体时其稠度宜为 50 ~ 70mm，气温较高时可适当增大。砂浆的配置宜采用质量比，并应随拌随用，保持适宜的稠度，且宜在 3 ~ 4h 内使用完毕；气温超过 30℃时，宜在 2 ~ 3h 内使用完毕。在运输过程或在储存器中发生离析泌水的砂浆，砌筑前应重新拌和；已凝结的砂浆，不得使用。

(4) 各类砂浆均宜采用机械拌和，拌和时间宜为 3 ~ 5min。

5.2　钢筋混凝土

混凝土强度等级应按边长为 150mm 立方体试件的抗压强度标准值确定。抗压强度标准值系指试件用标准方法制作、养护至 28d 龄期、以标准试验方法测得的具有 95% 保证率的抗压强度（以 MPa 计）。

注：混凝土强度等级用 150mm × 150mm 立方体抗压强度标准值并冠以 C 表示，如 C30 表示 30 级混凝土。

公路桥涵受力构件的混凝土强度等级应按下列规定采用：

(1) 钢筋混凝土构件不应低于 C20，当用 HRB400、KL400 钢筋配筋时不应低于 C25。

(2) 预应力混凝土构件不应低于 C40。

公路桥涵混凝土宜使用非碱活性集料，当条件不具备但必须使用时，其他材料中的碱含量及混凝土中的最大总碱含量应符合相关规范的规定。

公路混凝土桥涵的钢筋应按下列规定采用：

(1) 钢筋混凝土及预应力混凝土构件中的普通钢筋宜选用热轧 HPB235（HPB300）、HRB335、HRB400 及 KL400 钢筋，预应力混凝土构件中的箍筋选用其中的带肋钢筋；按构造要求配置的钢筋网可采用冷轧带肋钢筋。

(2) 预应力混凝土构件中的预应力钢筋应选用钢绞线、钢丝；中、小型构件或竖、横向预应力钢筋，也可选用精轧螺纹钢筋。

混凝土工程所用的各种原材料，均应符合现行国家或行业标准的规定，并应在进场时对其性能和质量进行检验。

第6章 桥涵设计

6.1 墩台与基础

位于有强烈流水、泥石流或漂浮物的河流中的墩台，其表面宜选用强度等级不小于MU60的石材或C40混凝土预制块镶面，镶面砌体的砂浆强度等级不应低于M20。累年最冷月平均温度低于或等于－10℃的地区，墩台表面应选用强度等级不低于MU50的石材或C30混凝土。

位于具有流冰河流中的桥墩，应在其迎冰面设置破冰棱。破冰棱应高出最高流冰水位1.0m，并应低于最低流冰水位时冰层底面下0.5m；破冰棱的倾斜度宜为3∶1～10∶1（竖∶横）；破冰棱迎冰面应做成尖端形或圆端形；混凝土破冰棱在迎冰表面应埋设钢板或角钢；破冰棱与桥墩应构成一体，自基底或承台底至最高流冰冰位以上1.0m处，混凝土墩台应避免设水平施工缝，当不可避免时，其结合面应用型钢或钢筋加强。

在非岩石类的地基上修建带八字形翼墙的桥台，台身与翼墙之间宜设缝分开。在非岩石类的地基上，桥台宜每隔10～15m设置一道沉降缝。现浇混凝土桥台台身及基础，应根据当地气候条件和施工条件，每隔5～10m设置一道伸缩缝。桥台应设置台背排水设施。

实体墩台基础的扩散角（刚性角），对于片石、块石和料石砌体，当用强度等级为M5的砂浆砌筑时，不应大于30°，当用M5以上砂浆砌筑时，不应大于35°；对于混凝土，不应大于40°。

当桥台锥坡和护坡采用浆砌或干砌砌体时，其砌体厚度不宜小于0.30m。

桥梁的墩帽和台帽厚度，特大、大跨径桥梁不应小于0.5m；中、小跨径桥梁不应小于0.4m。在墩、台帽内应设置构造钢筋。

设置支座的墩帽和台帽上应设置支座垫石，在其内应设置水平钢筋网；与支座底板边缘相对的支座垫石边缘应向外展出0.1～0.2m；支座垫石顶面应高出墩、台帽顶面排水坡的上棱；墩、台顶面与梁底之间应预留更换支座时的空间；墩、台帽出檐宽度宜为0.05～0.10m。

实体桥墩侧坡可采用20∶1～30∶1（竖∶横），小跨径桥梁的桥墩也可采用直坡。实体墩墩身的顶宽，小跨径桥梁不宜小于0.8m（采用轻型桥台的桥梁，其值不宜小于0.6m）；中跨径桥梁不宜小于1.0m；特大、大跨径桥梁应视上部构造类型而定。

U形桥台前墙顶面宽度不宜小于0.50m，其任一水平截面的宽度，不宜小于该截面至墙顶高度的0.4倍;块石、粗料石砌体或混凝土不宜小于0.35倍;如桥台内填料为中、粗砂或砂砾时,则上述两项可分别相应减为0.35和0.30倍。路基填土与U形桥台侧墙的搭接长度不宜小于0.75m。

跨径不大于13m、桥长不大于20m的梁(板)式上部结构,其下部结构可采用轻型桥台,但桥孔不宜多于三孔,桥台的台墙厚度不宜小于0.6m。轻型桥台的斜交角(台身与桥纵轴线的垂直线的交角)不应大于15°。轻型桥台的下端,两外侧应设置平行于桥轴线的支撑梁,中间应设垂直于桥台的支撑梁。轻型桥台可设八字墙、一字墙。

等跨拱桥的实体墩的顶宽(单向推力墩除外),混凝土桥墩可按拱跨的1/15～1/25,石砌桥墩可按拱跨的1/10～1/20拟定,但不宜小于0.8m。墩身两侧边坡可为20:1～30:1(竖:横)。

拱桥桥台可采用U形桥台、空心桥台(内填砂砾材料)以及其他形式的桥台。

长度为3～4倍台高的台背填土应在拱圈合龙前完成。台后填土必须分层夯实,其密实度不应小于96%,并切实做好台后填土防护工程,防止受水流侵蚀和冲刷。

在通航河流或有大量漂浮物下泄的河流上采用柔性排架墩时,宜在桥上游设置防护设施。

6.2　梁桥

钢筋混凝土简支板桥的标准跨径不宜大于13m,连续板桥的标准跨径不宜大于16m。预应力混凝土简支板桥的标准跨径不宜大于25m,连续板桥的标准跨径不宜大于30m。

空心板桥的顶板和底板厚度,均不应小于80mm。空心板的空洞端部应予填封。人行道板的厚度,就地浇筑的混凝土板不应小于80mm;预制混凝土板不应小于60mm。

行车道板内主钢筋直径不应小于10mm,人行道板内的主钢筋直径不应小于8mm。在简支板跨中和连续板支点处,板内主钢筋间距不应大于200mm。

钢筋混凝土T形、I形截面简支梁标准跨径不宜大于16m,钢筋混凝土箱形截面简支梁标准跨径不宜大于25m,钢筋混凝土箱形截面连续梁标准跨径不宜大于30m。预应力混凝土T形、I形截面简支梁标准跨径不宜大于50m。

T形、I形截面梁应设跨端和跨间横隔梁。当梁横向刚性连接时,横隔梁间距不应大于10m。

预制T形截面梁的桥面板横向连接,宜采用现浇混凝土整体连接,主钢筋可采用环形连接。预制T形截面梁的横隔梁连接,宜采用现浇混凝土整体连接。

组合梁中,在与预制梁结合处的现浇混凝土层的厚度不宜小于150mm。预制梁顶面应做成凹凸不小于6mm的粗糙面。组合梁中预制梁箍筋应伸入现浇桥面板,其伸入长度应不小于10倍箍筋直径。

先张法预应力混凝土构件,宜采用钢绞线、螺旋肋钢丝或刻痕钢丝用作预应力钢筋。当采用光面钢丝作预应力钢筋时,应采取适当措施,保证钢丝在混凝土中可靠的锚固。

在先张法预应力混凝土构件中,对于单根预应力钢筋,其端部应设置长度不小于

150mm 的螺旋筋；对于多根预应力钢筋，在构件端部10倍预应力钢筋直径范围内，应设置3～5片钢筋网。

后张法预应力混凝土构件的端部锚固区，在锚具下面应设置厚度不小于16mm的垫板或采用具有喇叭管的锚具垫板。

钢筋混凝土及预应力混凝土桥梁，宜选用橡胶支座。

橡胶支座应根据地区气温条件选用，－25～＋60℃地区可选用氯丁橡胶支座；－40～＋60℃地区可选用三元乙丙橡胶支座或天然橡胶支座。在梁的单个支承点上，纵桥向只能设置一个支座，横桥向不宜设置多于两个支座。

板式橡胶支座的安装，应使其与梁底及墩台密贴，传力均匀。在板桥的同一块板的多个支座中，不得有支座脱空。活动支座应设防尘罩。

当桥梁纵坡不大于1%时，板式橡胶支座可直接设于墩帽上；当桥梁纵坡大于1%时，应在梁底采取措施，使支座保持水平。当板桥桥面横坡不大于2%时，板式橡胶支座可直接设于墩帽顶面横坡上；当板桥桥面横坡大于2%时，应采取措施予以调整。

预制构件的吊环必须采用HPB235钢筋制作，严禁使用冷加工钢筋。每个吊环按两肢截面计算，在构件自重标准值作用下，吊环的拉应力不应大于50MPa。当一个构件有4个吊环时，设计时仅考虑3个吊环同时发挥作用。吊环埋入混凝土的深度不应小于35倍吊环直径，端部应做成180°弯钩，且应与构件内钢筋焊接或绑扎。吊环内直径不应小于三倍钢筋直径，且不应小于60mm。

6.3　拱桥

拱桥的矢跨比宜采用1/4～1/8，箱形板拱的矢跨比宜采用1/5～1/8。采用无支架施工或早期脱架施工的悬链线拱的拱轴系数 m 不宜大于3.5。

空腹式拱桥的腹拱，靠近墩台的一孔应做成三铰拱；大跨径拱桥根据跨径长度和当地温度变化情况，宜将靠近拱顶的腹拱做成三铰拱或二铰拱。在腹拱铰上面的侧墙、人行道、栏杆等均应设置伸缩缝或变形缝。

无铰拱拱圈和拱肋的主钢筋应伸入墩台内锚固。

肋拱的拱肋间应设置横系梁；中承拱和系杆拱应设置横向连接系。

刚架拱的跨径小于25m时，可仅设斜腿，不设斜撑；当跨径为25～70m时，宜加设斜撑；当跨径大于70m时，宜再增设一根斜撑。刚架拱实腹段长度，可采用0.4～0.5倍计算跨径。刚架拱的拱片中距宜为2.0～3.5m，拱片之间纵向每3～5m应设置一根横系梁。

多孔拱桥应根据使用要求及施工条件设置单向推力墩或采取其他抗单向推力措施。单向推力墩宜每隔3孔至5孔设置一个。

在软土地基上不宜修建拱式结构，当必须采用拱式结构时，宜采用三铰拱。

当拱桥由预制构件或预制与现浇构件组成时，应保证其组合截面的横向和纵向整体性。

拱桥应设置预拱度。预拱度应根据施工条件，按主拱圈的弹性与非弹性下沉，拱架的弹性与非弹性下沉，墩台位移，温度变化及混凝土收缩、徐变等因素产生的挠度曲线反向设置。

6.4　涵洞

6.4.1　涵洞的布设

(1)涵洞布设除必须满足排水、输砂要求外，还应与公路排水系统、水利规划及农田排灌相配合。

(2)涵洞设计应符合安全、适用、经济、美观和有利环保的要求，并考虑因地制宜、便于施工、就地取材和养护等因素。

(3)涵洞位置应符合沿线线形布设要求，当不受线形布设限制时，宜将涵洞位置选择在地形有利，地质条件良好，地基承载力较高，河床稳定的河(沟)段上。

6.4.2　涵洞的分类

(1)按建筑材料可将涵洞分为石涵、混凝土涵、钢筋混凝土涵、波纹钢管涵等。

(2)按构造形式可将涵洞分为管涵、盖板涵、拱涵、箱涵等。常见的涵洞适用跨径见表1-6-1。

(3)按填土高度可将涵洞分为明涵和暗涵。当涵洞洞顶填土高度小于0.5m时称为明涵，当涵洞洞顶填土高度大于或等于0.5m时称为暗涵。

(4)按水力性质可将涵洞分为无压力式、半压力式、压力式三种。当路基顶面高程低于横穿沟渠的水面高程时，也可设置倒虹吸管涵洞。

各类涵洞适用跨径(单位：m)　　表1-6-1

构造形式	适用跨径(或直径)
钢筋混凝土管涵	0.75、1.0、1.25、1.5、2.0
钢筋混凝土盖板涵	1.5、2.0、2.5、3.0、4.0、5.0
拱涵	1.0、1.5、2.0、2.5、3.0、4.0、5.0
钢筋混凝土箱涵	1.5、2.0、2.5、3.0、4.0、5.0
石盖板涵	0.5、0.75、1.0、1.25
倒虹吸管涵	0.5、0.75、1.0、1.25、1.5
波纹钢管涵	1.5、2.0、2.5、3.0、4.0

6.4.3　涵洞设计应符合的要求

(1)涵洞设计时，应按水力性质选择其计算图式。新建涵洞应采用无压力式涵洞；当涵前允许壅水时，可采用压力式或半压力式涵洞。

(2)无压力式圆管涵应根据地基土的密实程度，设置砂垫层、灰土垫层、砌石基础或混凝土基础；建于砂砾地基上的圆管涵，可不设基础，但应对接缝处和进出水口处的基础予以处理,以避免管节间发生不均匀沉降和接缝漏水。

压力式和半压力式涵洞应设置基础,接缝应严密。

(3)新建涵洞应采用标准跨径0.75m、1.0m、1.25m、1.5m、2.0m、2.5m、3.0m、4.0m、5.0m,其中0.75m的孔径只适用于无淤积地区的灌溉渠。排洪涵洞跨径不宜小于1.0m。

(4)涵洞内径或净高不宜小于0.75m。涵洞长度大于15m但小于30m时,其内径或净高不宜小于1.0m;涵洞长度大于30m且小于60m时,其内径或净高不宜小于1.25m;涵洞长度大于60m时,其内径或净高不宜小于1.5m。

(5)涵洞进、出口及洞外进、排水工程的形式与尺寸,应使水流能顺利通过,并满足两侧附近路堤的稳定要求,且不应对附近环境造成不利影响。

(6)当有农田排灌需要,且路基填方较低时,可设置倒虹吸管。

(7)孔径1.0m及以上的圆管涵应采用双层钢筋。

6.4.4　无压力式涵洞内顶点至最高流水面的净空

无压力式涵洞净空高度见表1-6-2。

无压力式涵洞净空高度(单位:m)　　表1-6-2

涵洞类型 涵洞进口净高 h_d(m)	管　涵	拱　涵	矩　形　涵
≤3	≥h_d/4	≥h_d/4	≥h_d/6
>3	≥0.75	≥0.75	≥0.5

6.4.5　沉降缝

除设置在岩石地基上的涵洞外,根据涵底纵坡及地基土情况,应每隔4~6m设置一道沉降缝;高路堤路基边缘以下的洞身及基础应每隔适当距离设置沉降缝。沉降缝应采用弹性的不透水材料填塞。

6.4.6　涵洞的洞身和进出口的设置要求

(1)涵洞进出口处,应设端墙。端墙与洞身应设缝隔开,缝内填以不透水材料。

(2)设置于非岩石地基上的涵洞,洞内外应进行铺砌,洞外铺砌长度应视河沟纵坡、地基土、冲刷等条件而定,涵洞上游至少应在端墙(或锥坡)范围内铺砌,下游应铺出端墙以外3~5m,压力式涵洞应更长些。对于无明显沟槽的河沟,出口铺砌的扩散平面宜采用等腰梯形,其铺砌扩散角可取为20°。涵洞锥坡、受水流淹没的路基坡面也应铺砌。

(3)在纵坡陡、流速大的河沟,必要时还需设置急流槽、跌水及相应的消能措施,并应在端墙外端底部设置隔水墙。在沟床铺砌的端部,也应设置隔水墙。

(4)有基涵洞的基础,应按涵洞的构造、地质条件及地基处理的情况,设计为整体式或非整体式。在冰冻地区,端墙与端管节应采用整体的刚性基础。

6.4.7　涵洞纵坡

涵洞洞底纵坡不宜大于5%，圆管涵的纵坡不宜大于3%。洞底纵坡大于5%时，涵底宜每隔3～5m设置消能横隔墙或将基础做成阶梯形。洞底纵坡大于10%时，洞身及基础应分段做成阶梯形，前后两节涵洞盖板或拱圈的搭接高度不应小于其厚度的1/4。

6.4.8　压实度

涵洞洞身两侧填土应分层夯实，其每侧长度不应小于洞身填土高度的一倍，压实度不应小于96%。现浇混凝土拱涵应沿拱轴线分段间隔浇筑或在拱顶预留合龙段最后浇筑。

6.4.9　涵洞上拱度

施工时涵洞应设上拱度，除高填土和长、大孔径涵洞需要计算外，一般涵洞的预设拱度，可按表1-6-3的规定设置。但入口流水槽面的高程不宜低于涵身中部流水槽面的高程。

涵洞预设上拱度　　表1-6-3

基底土类别	上拱度(cm)	基底土类别	上拱度(cm)
碎石土、砂砾、粗砂、中砂、细砂	$H/80$	半干硬状态的、硬塑状态的黏性土及老黄土	$H/50$

注：1. H 为路线中心线处自涵洞流水槽面至路面顶面的高度。

2. 当设计有规定拱度时，按照设计办理。

3. 基底土属软塑状态的黏性土或新黄土时，上拱度可适当加大。

4. 基底土为岩石，涵洞顶上填方厚度不足2m以及涵身坡度较陡的涵洞（>5%），可不设上拱度。

第7章　桥涵施工

7.1　基本原则

桥涵工程施工应遵守国家环境保护的有关法律法规，节约用地，少占农田，减少污染，保护环境。施工结束后，应及时对各种临时工程、临时辅助设施、临时用地和弃土等进行处理，做到工完场清。

桥涵施工应积极推广使用可靠的新技术、新工艺、新材料和新设备。

7.2　施工准备

水泥、砂、石、外加剂等工程原材料的选择应在工程开工前通过试验确定。

各种原材料进场时，应按相关规定进行相应的质量检测和试验工作；进场后，应根据不同的品种、规格及用途分别妥善存放，对容易受潮、锈蚀的材料应采取防雨、防潮或防锈的措施。

模板宜采用钢材、胶合板或其他适宜的材料制作；支架宜采用钢材或常备式定型钢构件等材料制作。

7.3　施工测量

桥涵工程施工前应根据其结构形式、跨径及精度要求等编制施工测量方案，选定控制测量等级，确定测量方法。

同一工程项目应采用同一高程系统，并应与相邻工程项目的高程系统相衔接。桥位水准点的高程测量应与路线控制高程联测。

施工放样测量需设置临时控制点时，其精度应符合相应等级的精度要求，并应与相邻控制点闭合。

桥涵工程完工后，应配合交（竣）工验收进行交（竣）工测量。

7.4　基础施工

7.4.1　明挖扩大基础

（1）可根据现场实际情况和施工条件选择采用土石围堰、土围堰、土袋围堰、膜袋围堰及竹笼、木笼、铅丝笼、钢笼围堰等形式。

(2)基坑开挖前应根据水文、地质、开挖方式及施工环境条件等因素,确定是否对坑壁采取支护措施。当基坑深度较小且坑壁土层稳定时,可直接放坡开挖;坑壁土层不易稳定且有地下水影响,或放坡开挖场地受到限制,或放坡开挖工程量大时,应按设计要求对坑壁进行支护,设计未要求时,应结合实际情况选择适宜的坑壁支护方案。

7.4.2　钻(挖)孔灌注桩

(1)钻孔灌注桩施工前应制订环境保护的方案,施工过程中产生的泥浆应妥善处理,不得随意排放,污染环境。

(2)施工至一定深度但暂时不进行作业的桩孔,应对其孔口进行遮蔽防护,防止人员或物件坠入孔内。

(3)钻机的选型宜根据孔径、孔深、桩位处的水文和地质情况、施工环境条件等因素综合确定,所选用的钻机及钻孔方法能满足施工质量和施工安全的要求。

(4)清孔方法应根据设计要求、钻孔方法、机具设备条件和地层情况决定。不论采用何种清孔方法,在清孔排渣时,均必须保持孔内水头,防止坍孔。不得用加深钻孔深度的方式代替清孔。

(5)在无地下水或有少量地下水且较密实的土层或风化岩层中,或无法采用机械成孔或机械成孔非常困难且水文、地质条件允许的地区,可采用人工挖孔施工;岩溶地区和采空区不宜采用人工挖孔施工。

(6)人工挖孔施工,桩孔内遇岩层需要爆破作业时,应对爆破进行专门设计,且宜采用浅眼松动爆破法,并应严格控制炸药用量,在炮眼附近应对孔壁加强防护或支护。孔深大于5m时,必须采用电雷管引爆。桩孔内爆破后,应先通风排烟15min,并经检查确认无有害气体后,施工人员方可进入孔内继续作业。

(7)挖孔桩孔口处应设置高出地面不小于300mm的护圈,并应设置临时排水沟,防止地表水流入孔内。

7.4.3　沉入桩

(1)外购或自行制作的成品桩,均应有出厂合格证明、质量检验等资料。

(2)沉桩顺序宜由一端向另一端进行,当基础尺寸较大时,宜由中间向两端或四周进行;如桩埋置有深浅,宜先沉深的,后沉浅的;在斜坡地带,应先沉坡顶的,后沉坡脚的。在桩的沉入过程中,应始终保持锤、桩帽和桩身在同一轴线上。

7.4.4　沉井

沉井位于浅水或可能被水淹没的岸滩上时,宜就地筑岛制作;位于无水的陆地时,若地基承载力满足设计要求,可就地整平夯实形成平台制作,地基承载力不足时应对地基采取加固措施;在地下水位较低的岸滩,若土质较好时,可在开挖后的基坑内制作。制作沉井的岛面、平台面或开挖基坑的坑底高程,应比施工期可能的最高水位(包括波浪影响)

高出0.5~0.7m;有流冰时,应适当加高。

7.4.5　地基处理

(1)对符合设计要求的细粒土、特殊土等基底,经修整完成后,应尽快进行基础的施工,不得使基底浸水或长期暴露;基坑开挖后如基底的地质情况与设计不符时,应按程序进行设计变更并应对地基进行处理。地基处理应根据地基土的种类、强度和密度,按照设计要求,并结合现场情况,采取相应的处理方法。地基处理的范围应宽出基础之外不小于0.5m。

(2)对强度低、稳定性差的细粒土及特殊土地基,如饱和软弱黏土层、粉砂土层、湿陷性黄土、膨胀土、季节性冻土等,处理时应视该类土的处治深度和含水率等情况,采取固结、换填等措施,使之满足设计要求。

7.5　承台与墩台

(1)承台施工前应进行桩基等隐蔽工程的质量验收,桩顶的混凝土面应按水平施工缝的要求凿毛,桩头预留钢筋上的泥土及鳞锈等应清理干净。承台基底为软弱土层时,应按设计要求采取措施避免在浇筑承台混凝土过程中产生不均匀沉降。

(2)承台施工采用钢围堰作为挡水(土)设施时,应根据承台的结构特点及水文、地质和施工条件等因素确定适宜的围堰形式,并应对围堰进行专项设计。常用钢围堰形式有钢板桩围堰、锁口钢管桩围堰、钢套箱围堰、双壁钢围堰等。

(3)墩、台身施工前,应对其施工范围内的基础顶面的混凝土进行凿毛处理,并应将表面的松散层、石屑等清理干净;对分节段施工的墩、台身,其接缝亦应作相同的凿毛和清洁处理。

(4)片石混凝土仅适用于较大体积的基础、墩台身等圬工受压结构。

(5)圬工墩台可采用浆砌片石、浆砌块石、浆砌粗料石及混凝土预制块等施工方案。

7.6　台背回填

(1)台背回填时,必须坚持在隐蔽工程经监理工程师检查验收认可以后,才能进行回填土施工。

(2)桥涵及其他构造物处的填料,除设计文件另有规定外,应采用砂类土或渗水性土。当采用非透水性土时,应在土中增加外掺剂,如石灰、水泥等,以改良其性质后方可使用。

(3)台背填土顺路线方向长度要求:顶部为距翼墙尾端不小于台高加2m;底部距基础内缘不小于2m;拱桥台背填土长度不应小于台高的3~4倍;涵洞填土长度每侧不应小于2倍孔径长度。

(4)做好压实工作。结构物处的填土应分层填筑,每层松铺厚度不宜超过15cm,结构物处的压实度要求从填方基底或涵洞顶部至路床顶面均达到94%。

(5)在回填压实施工中,应做到对称回填压实,并保持结构物完好无损。压路机压不到的地方,应使用小型机动夯具夯实并达到规定要求的密实度。

(6)施工中注意安排桥台背后填土与锥坡填土同时进行,以取得更佳效果。

(7)挡土墙填料宜选用砂石土或砂类土。墙趾部分的基坑,应注意及时回填,并做成向外倾斜的横坡。填土过程中,应采取相应的措施,防止水的浸害。回填结束后,挡土墙顶部应及时封闭。

7.7　砌体勾缝及养护

砌体的勾缝,宜采用凸缝或平缝。浆砌较规则的块料时,可采用凹缝。勾缝砂浆的强度不应低于砌体的砂浆强度,主体工程不应低于M10,附属工程不应低于M7.5,流冰和严重冲刷部位应采用高强度水泥砂浆。石砌体的勾缝应嵌入砌缝内20mm深,缝槽深度不足时,应凿够深度后再勾缝。干砌片石勾缝时,应嵌入砌缝内20mm以上;干砌片石护坡、锥坡的勾缝,宜待坡体稳定后进行,除设计另有规定外,宜做成平缝。浆砌砌体应在砂浆初凝后,洒水覆盖养生7~14d。养护期间应避免碰撞、振动或承重。

7.8　拱桥

拱桥施工可根据结构类型、施工技术条件等采用就地现浇、无支架和少支架缆索吊装、转体、悬臂浇筑及就地砌筑等方法。

(1)现浇混凝土拱圈的拱架,其拆除期限应符合设计规定且拱圈混凝土强度不得低于设计强度的85%;浆砌石拱桥拱架,其拆除期限应符合设计规定且砂浆强度不低于设计强度的85%。

(2)卸落拱架应按提前拟定的卸落程序进行,且宜分步卸落;在纵向应对称、均衡地卸落,在横向应同时一起卸落。满布式落地拱架卸落时,可从拱顶向拱脚依次循环卸落;拱式拱架可在两支座处同时均匀卸落;多孔拱桥卸架时,若桥墩允许承受单孔施工荷载,可单孔卸落,否则应多孔同时卸落,或各连续孔分阶段卸落。卸落拱架时,应设专人对拱圈的挠度和墩台的位移等情况进行监测,当有异常时,应暂停卸落,查明原因并采取相应措施后方可继续进行。

(3)装配式混凝土桁架拱和刚架拱的拱片宜根据跨径、场地大小及吊装能力等因素,选择整片、分段或分杆件的方法预制。预制时应设置预拱度。拱段宜采用卧式预制,并应根据桥跨的大小、吊装设备的起吊能力及吊装方法确定预制的分段位置和分段数量。拱片宜采用平卧方式运输,运输和装卸过程中应严格控制拱片的支点或吊点的位置,使其受力均匀,防止损坏。

(4)石拱桥的拱架宜采用钢拱架、木拱架等结构形式。当小跨径石拱桥采用土牛拱胎时,土牛拱胎在制作时应设防排水设施,土石应分层夯实,密实度应不小于95%,拱顶部分应选用含水率适宜的黏土。

(5)用于砌筑拱圈的拱石应采用粗料石或块石，按拱圈放样尺寸加工成楔形。拱石的厚度应不小于200mm，加工成楔形时，其较薄端的厚度应符合设计要求的尺寸，或按施工放样的要求确定；其高度应为最小厚度的1.2～2.0倍；长度应为最小厚度的2.5～4.0倍。拱石应按立纹破料，沿层面应与拱轴线垂直，各排拱石沿拱圈内弧的厚度应一致。

(6)应在主拱圈的混凝土强度和砂浆强度均达到设计规定强度后，方可进行拱上结构的施工。

(7)安装或砌筑主拱圈及拱上建筑时，必须在纵横向保持对称均衡施工，多孔拱桥应考虑连拱影响。在施工过程中应随时注意观测，控制拱肋或拱圈的变位。

(8)采用缆索起吊构件时，应保证塔架、绳索和锚碇的整体性和稳定性。在正式施工前，应进行超载试吊，试吊重量不应小于最大吊重的1.2倍。

(9)拱桥施工时应对其进行过程控制，应保证拱结构在施工过程中的稳定性、变形和内力始终处于安全范围内。

7.9　梁式桥

梁式桥按照材料可分为钢筋混凝土桥和预应力混凝土桥；按照结构形式可分为简支梁桥、连续梁桥和连续刚构桥等；按照施工方法可分为现浇施工、预制安装施工、悬臂浇注施工、悬臂拼装施工、顶推(拉)施工等。

(1)现浇施工的梁式桥可采用满布支架或梁式支架(如移动模架等)；任一孔梁的混凝土浇筑施工完成后，内模中的侧向模板应在混凝土抗压强度达到2.5MPa，且顶面模板混凝土抗压强度达到设计强度等级的75%后，方可拆除；外模架在梁体建立预应力后方可卸落。

(2)装配式桥的构件在脱底模、移运、存放和吊装时，混凝土的强度应不低于设计规定的吊装强度，且不应低于设计强度的80%。

(3)分段拼装梁的接头混凝土或砂浆，其强度应不低于构件的设计强度；不承受内力的构件的接缝砂浆，其强度等级应不低于M10。需与其他混凝土或砌体结合的预制构件的砌筑面应按施工缝处理。

(4)构件预制台座的地基应具有足够的承载能力，预制台座应采用适宜的材料和方式制作，应保证其坚固、稳定、不沉陷。

(5)简支梁、板安装前，应对墩台的施工质量进行检验，并应对支座或临时支座的平面位置和高程进行复测，合格后方可进行梁、板等构件的安装。

(6)顶推施工的梁式桥的预制场地宜设在桥台后方的引道或引桥上，其长度、宽度及使用性能应满足梁段预制施工作业的需要。

(7)斜腿刚构桥的斜腿可采取有支架或无支架施工；主梁可采取有支架施工或悬臂法施工。

7.10　桥面及附属工程

桥面及附属工程主要是指支座、伸缩装置、桥面防水与排水、桥面铺装、桥面防护设施及桥头搭板等。

（1）支座、伸缩装置等桥梁专用产品应由具有相应资质的专业厂家制造，且在进场时按相应产品标准的要求进行抽样检测。桥面防水材料的进场抽样检测，应按相应产品标准的要求进行。支座在安装前，应对支座垫石的混凝土强度、平面位置、顶面高程、预留地脚螺栓孔和预埋钢垫板等进行复核检查，确认符合设计要求后方可进行安装。支座垫石的顶面高程应准确，表面应平整、清洁。

（2）伸缩装置预留槽口的尺寸应符合设计规定，锚固钢筋的位置应准确。伸缩装置安装前应将预留槽口清理干净。伸缩装置宜在桥面铺装完成后，采取反开槽的方式进行安装；当采取先安装再铺装桥面的方式时，应采取有效措施对安装好的伸缩装置进行妥善保护。

（3）桥面应设置防水层；铺设防水材料前应清除桥面的浮浆和各类杂物；防水层在横桥向应闭合铺设，底层表面应平顺、干燥、干净；防水层不宜在雨天或低温下铺设；防水层施工完成后，在未达到规定的时间内，不得开放交通。

（4）泄水孔的顶面不应高于水泥混凝土铺装层的顶面。

（5）沥青混凝土桥面铺装施工前应对桥面进行检查，桥面应平整、粗糙、干燥、整洁。铺筑前应撒布黏层沥青。

（6）水泥混凝土桥面铺装，其表面应采取防滑措施，并宜分两次进行，第二次抹平后，应沿横坡方向拉毛或采用机具压槽，拉毛或压槽的深度应符合相关规范的规定。

（7）混凝土防撞护栏宜在顺桥向每间隔5～8m设一道断缝或假缝；防撞护栏的钢筋应与梁体的预留钢筋可靠连接。

（8）桥头搭板下台后填土的填料宜以透水性材料为主，并应分层填筑、压实；台后地基如为软土，应按设计要求对地基进行处理并对台后填土进行预压，预压应在搭板施工前完成。

（9）钢筋混凝土搭板及枕梁宜采用就地浇筑的方式施工；浇筑搭板混凝土时应按照搭板的坡度由低处向高处进行。

7.11　漫水桥

（1）漫水桥、漫水路面的行车道两侧应竖立水深导向标柱，标柱应保持完好、鲜明醒目。水深导向标柱间距宜为4m，高出行车道顶面60cm，应定期涂刷油漆。

（2）漫水桥、漫水路面的行车道宽度小于接线路段的行车道宽度时，应对停车视距长度范围内的接线路段采取压道措施，限制行车道宽度。

（3）漫水桥、漫水路面允许通车的水深与水流速度、水面宽度、行车道宽度有关。一般情况下，桥（路）面上的水深小于0.3m时可允许大型车辆通行，当水深超过表1-7-1所列数据时应中断交通，并设置临时禁止通行标志。禁行标志与桥头的距离不应小于停车视距。

允许通车的漫水深度　　表1-7-1

水流速度（m/s）	最大允许通车漫水深度（m）
<1.5	0.4~0.5
1.5~2.0	0.4
>2.0	0.2~0.3

（4）为防止上部构造在洪水浮力和冲击力作用下发生松动或位移，应将上部构造与墩台锚固牢靠，增强其整体性和横向稳定性。

（5）应修缮上下游的导流构造物，清除桥孔下及桥位上游的堆积体；应加强基础的防护能力以抗冲刷。

7.12　涵洞

（1）涵洞施工完成后，当砌体砂浆或混凝土强度达到设计强度的85%时，方可进行涵洞洞身两侧的回填。涵洞两侧紧靠涵台部分的回填土不宜采用大型机械进行压实施工，宜采用人工配合小型机械的方法夯填密实。填土的每侧长度均应符合设计规定；设计未规定时，应不小于洞身填土高度的一倍。填筑应在两侧同时对称、均衡地分层进行，填筑的压实度应不小于96%。涵洞顶部的填土厚度必须大于0.5m后方可通行车辆和筑路机械。

（2）涵洞进出水口的沟床应整理顺直，与上下游导流、排水设施的连接应圆顺、稳固，并应保证流水顺畅。

（3）管涵安装时应对接缝进行防水、防裂处置。管涵基础的顶面应设置混凝土管座，管座的弧形面应与管身紧密贴合，使管节受力均匀。当管节直接放置在天然地基上时，应按照设计要求将管底的土层夯实压密或设置砂垫层，并做成与管身弧度密贴的弧形管座。

（4）波形钢管节、块件及连接螺栓宜采用定型产品。其管节和块件除应满足强度要求外，还应有足够的刚度，从而在运输和安装过程中具备抵抗冲击的能力，以及在安装就位后填土夯实时仍具有不产生较大变形的能力。波形钢管节、块件和连接螺栓均应作防腐处理。

（5）倒虹吸管宜采用钢筋混凝土或混凝土圆管，进出水口应设置竖井及防淤沉淀井。施工时管节接头及进出水口砌缝的质量应严格控制，不得漏水。填土覆盖前应做灌水试验，符合要求后，方可回填土。倒虹吸管的进出水口应在完工后及时上盖，并应按设计要求及时安装防堵塞装置。

（6）拱涵的拱圈和出入口拱上端墙的砌筑施工，应由两侧向中间同时对称进行。

（7）拱涵、盖板涵混凝土的现场浇筑施工在涵长方向宜连续进行；当涵身较长不能一次连续完成时，可沿长度方向分段进行浇筑，施工缝应设在涵身的沉降缝处。现浇混凝土拱圈时，应对称浇筑，最后浇筑拱顶，或在拱顶预留合龙段，最后浇筑并合龙。

(8)就地浇筑的拱涵和盖板涵，宜采用钢模板或胶合板模板。采用土胎就地现浇时应有保证浇筑质量的可靠措施。

(9)拱架拆除和拱顶填土应符合下列规定：

①先拆除拱架再进行拱顶填土时，拱圈和护拱的砌筑砂浆或混凝土的强度应符合设计规定且不低于设计强度的85%；在拱架拆除时应先完成拱脚以下部分回填土的填筑，达到设计强度的100%后，方可进行拱顶填土。

②在拱架未拆除的情况下进行拱顶填土时，拱圈和护拱砌筑砂浆或混凝土的强度应符合设计规定且不低于设计强度的85%；拱架应在拱圈强度达到设计强度的100%后，方可拆除。

(10)预制钢筋混凝土箱涵节段拼装时，接缝两侧的混凝土表面应采用清水冲洗干净，再按设计要求进行拼接施工。

(11)就地浇筑的箱涵可视具体情况分阶段施工，且宜先进行底板和梗肋的混凝土浇筑，然后完成剩余部分的混凝土浇筑。本阶段施工时前一阶段的混凝土强度要求以及施工缝的处理应符合相关规定。混凝土强度达到设计强度的85%时，方可拆除支架；达到设计强度的100%时后，方可进行涵顶回填土。

(12)既有涵洞与新建涵洞连接处应按沉降缝处理。

(13)对于软基上采用沉入桩的涵洞基础，沉桩不宜采用射水或振动法施工；沉桩顺序应从靠近既有涵洞的一侧开始，逐排向外扩展，同时应随时监测既有涵台的沉降变形。

(14)涵洞顶进作业宜在地下水位降至基底以下0.5～1.0m时进行，且宜避开雨季施工；必须在雨季施工时，应做好防洪及防雨排水工作。应根据地质条件和上部建筑的结构安全要求，采取必要的顶进围护结构和地基加固措施，保证顶进施工自身及上部、周边构筑物的安全。

附录 A　桥梁基础施工

A.1　桥梁基础施工的基本知识

A.1.1　桥梁基础施工的重要性

基础的施工质量直接决定着桥梁的强度、刚度、稳定性、耐久性和安全性。而且基础属于隐蔽工程，若出现质量问题则不易发现和进行修补处理。

A.1.2　桥梁基础的一般形式

农村公路上的桥梁一般采用扩大基础（明挖基础）和挖孔桩基础，如图 1-A.1-1 所示。

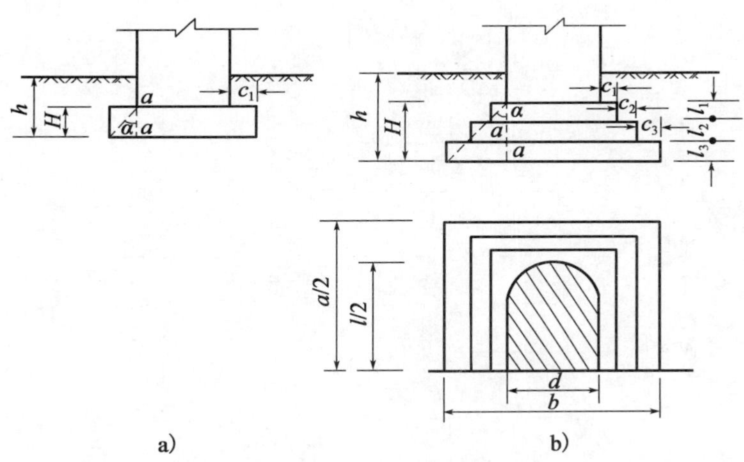

图 1-A.1-1　明挖扩大基础平面、立面图

A.1.3　基础施工的主要方法

旱地土质地基扩大基础及条形基础采用明挖法（人工或机械），若为岩石地基，还需进行适当的爆破。水中明挖基础必须设置围堰或采取临时改河措施。

桩基础的成孔有挖孔和钻孔两种方法。

A.1.4　基础施工前的准备工作

（1）认真阅读施工图纸，领会设计意图，与现场情况进行核对，对基底高程、基础尺寸、桩位坐标、工程数量进行复核计算。

(2)制订施工方案,编制施工组织设计,做出单项开工报告,报监理工程师审批。

(3)认真进行施工放样测量。

(4)准备好基础施工所需的设备、材料、相应配套设施。

(5)建立工程质量保证体系,制定完善的安全技术措施。

A.2　明挖扩大基础施工

采用明挖法施工的特点是工作面大,施工简便。其施工程序和主要内容为基础定位放样、围堰施工、基坑排水、基坑开挖及坑壁加固、基底检验与处理、基础砌筑及基坑回填。明挖扩大基础施工工艺流程如图1-A.2-1所示。

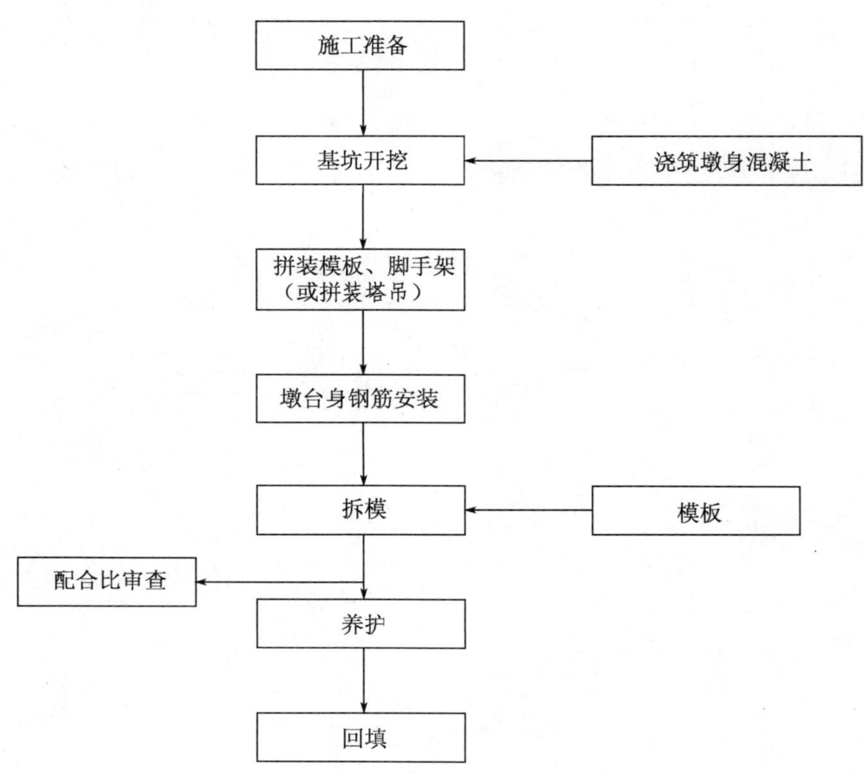

图1-A.2-1　明挖扩大基础施工工艺流程图

A.2.1　基础的定位放样

基础定位放样是根据墩台的位置和尺寸将基础的平面位置与基础各部分的高程标定在地面上。放样时,根据桥梁中心线与墩台的纵横轴线,找出基础边线的定位点,再放线确定基坑的开挖范围,基坑各点高程及开挖过程高程的控制采用水准测量的方法确定。

A.2.2　围堰施工

在水中修筑基础必须防止地下水和地表水浸入基坑内,常用的防水措施是围堰法。围堰是一种临时性的挡水结构物。其方法是在基坑开挖前,在基坑范围的四周修筑一个封闭的挡水堤坝,将水挡住,然后排除堰内水,使基坑的开挖在无水或很少水的情况下进行。待工作结束后,即可拆除。

常用的围堰形式及构造主要有以下三种:

(1)土围堰,适用于河边浅滩地段和水深小于 1.5m,流速小于 0.5m/s,渗水性较小的河床上。常做成顶宽 1 ~ 2m,堰外迎水面边坡为 1∶2 ~ 1∶3,堰内边坡为 1∶1.5 ~ 1∶1,外侧坡面加铺草皮、柴排或草袋等加以防护。

(2)土袋围堰,适用于水深 3.5m 以下,流速小于 2m/s,透水性较小的河床。常做成顶宽 2 ~ 3m,堰外边坡为 1∶1 ~ 1∶0.5,堰内边坡为 1∶0.5 ~ 1∶0.2,如图 1-A.2-2 所示。

(3)板桩围堰,分为木板桩围堰和钢板桩围堰。木板桩围堰适用于砂性土、黏性土和不含卵石的其他土质河床。钢板桩围堰适用于水深 5m 以上各类土质的深水基坑。双层钢板桩围堰如图 1-A.2-3 所示。

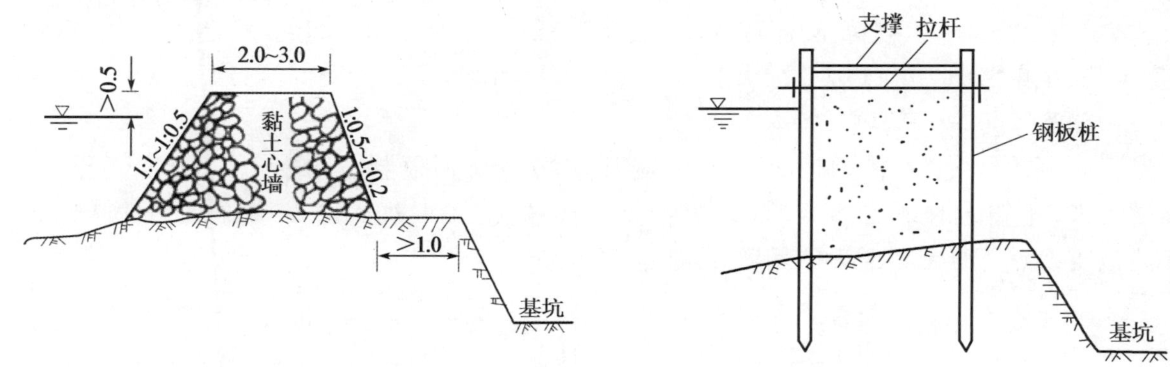

图 1-A.2-2　土袋围堰(尺寸单位:m)　　图 1.A.2-3　双层钢板桩围堰

围堰施工过程中注意要点如下:

(1)围堰顶宜高出施工期间最高水位 50 ~ 70cm,用于防御地下水的围堰宜高出水位或地面 20 ~ 40cm。

(2)围堰的外形应适应水流排泄,不应压缩流水断面过多,以免壅水过高影响围堰安全。围堰内形应适应基础施工的要求,并留有适当的工作面积。围堰应有足够的强度和稳定性,以保证基坑开挖后围堰不致发生破裂、滑动或倾覆。

(3)应采取措施防止或减少围堰渗漏,以减轻排水工作。对围堰外围边坡的冲刷和筑围堰后引起的河床的冲刷均应有防护措施。

(4)围堰施工一般应安排在枯水期进行。

A.2.3　基坑排水

基坑排水主要采用集水坑排水和井点排水。集水坑排水适用于除严重流沙以外的各种土质，主要用水泵将水排出坑外（图1-A.2-4）。井点排水适用于粉、细砂或地下水位较高，挖基较深，坑壁不易稳定的土质基坑。

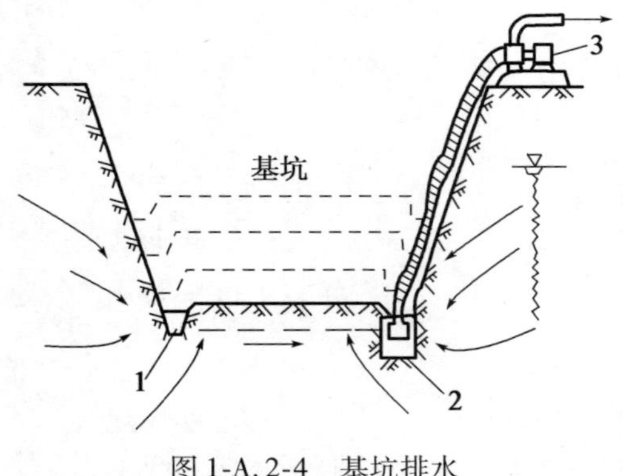

图1-A.2-4　基坑排水
1-排水沟；2-集水槽；3-抽水泵

A.2.4　基坑开挖及坑壁加固

基坑开挖和坑壁加固是同时交叉作业的两个工序。基坑开挖分陆地基坑开挖和水中基坑开挖。

（1）改河导流

改河导流是基坑开挖的重要环节，一般基础施工最好选择在枯水季节。当河沟水流较小时，可将河流或渠道位置适当改移，先在干涸的河道上施工桥梁，待桥梁建成后，再改移新的河道将水流接通。当河面较宽、水流较大时，可考虑设法修筑临时导流堤（土坝或砂石坝），把水流导向一边，开挖基坑，修筑基础后再撤除。

（2）坑壁不加支撑的基坑（放坡法）

对于在干涸河滩、河沟中，或经改河或筑堤能排除地表水的河沟中，在地下水位低于基底，或渗透量少，不影响坑壁稳定，以及基础埋置不深，施工期较短，挖基坑时不影响临近建筑物安全的场所，可选用放坡开挖。

（3）坑壁有支撑的基坑

当基坑壁不易稳定并有地下水，或放坡开挖场地受到限制，或基坑较深、放坡开挖工程数量较大，不符合技术经济要求时，可根据具体情况，采取加固坑壁措施，加固坑壁的方法有挡板支撑（图1-A.2-5）和喷射混凝土护壁。

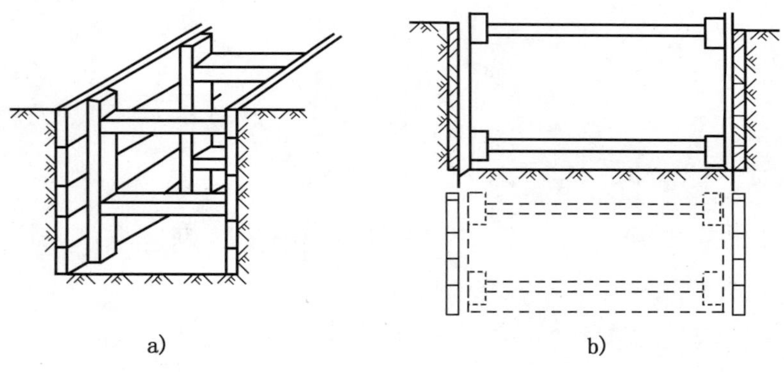

图1-A.2-5　水平衬板支撑

A.2.5　基底检验及处理

（1）基底检验

基底检验的主要目的是确定地基容许承载力的大小、基坑位置与高程是否与设计要求相符，确保基础的强度和稳定性。基底检查的主要内容包括：检查基底平面位置及尺寸大小、基底高程、地基稳定性及承载力等。

(2)地基处理

当基底土强度低、稳定性差,应采取换土或固结等方式以满足设计要求。当基础强度和稳定性满足设计要求时,应将承重面平整夯实,基底水排干,然后在上面修筑基础。

A.2.6　基础砌筑(浇筑)

基础施工可分为无水砌筑、排水砌筑及水下灌筑三种情况。扩大基础的种类有浆砌片石、浆砌块石、片石混凝土、钢筋混凝土等几种。

A.2.7　基坑回填

基坑回填应满足下列要求:结构混凝土强度应不低于设计强度的70%;在覆土线以下的结构必须通过隐蔽工程验收;填土前抽除基坑内积水,清除淤泥及杂物等;凡淤泥、腐殖土、有机物质超过5%的垃圾土、冻土或大块石不得回填,应采用含水率适中的同类亚黏土或砂质黏土;填土应水平分层回填压实,每层松铺厚度一般为30cm,在其含水率接近最佳含水率时压实;填土经碾压、夯实后不得有翻浆、"弹簧"现象;填土施工中,应随时检查土的含水率和密实度。

A.3　桩基础施工

A.3.1　桩基础的适用条件

在下列情况下可采用桩基础:

(1)荷载较大,地基上部土层软弱,适宜的地基持力层位置较深,采用浅基础或人工地基在技术上、经济上不合理时。

(2)河床冲刷较大,河道不稳定或冲刷深度不易计算正确,位于基础或结构物下面的土层有可能被侵蚀、冲刷,如采用浅基础不能保证基础安全时。

(3)当地基计算沉降过大或建筑物对不均匀沉降敏感时,采用桩基础穿过松软(高压缩)土层,将荷载传到较坚实(低压缩性)土层,以减少建筑物沉降并使沉降较均匀。

(4)当建筑物承受较大的水平荷载,需要减少建筑物的水平位移和倾斜时。

(5)当施工水位或地下水位较高,采用其他深基础施工不便或经济上不合理时。

(6)地震区,在可液化地基中,采用桩基础可增加建筑物抗震能力,桩基础穿越可液化土层并伸入下部密实稳定土层,可消除或减轻地震对建筑物的危害。

以上情况也可以采用其他形式的深基础,但由于桩基础具有耗材少、施工快速简便的特点,往往是优先考虑的深基础方案。

A.3.2　组成

桩基础可以是单根桩(如一柱一桩的情况),也可以是单排桩或多排桩。对于双(多)柱式桥墩单排桩基础,当桩外露在地面上较高时,桩间以横系梁相连,以加强各桩的横向联系。多数情况下桩基础是由多根桩组成的群桩基础,基桩可全部或部分埋入地基土中。

群桩基础中所有桩的顶部由承台连成一整体，在承台上再修筑墩身或台身及上部结构，桩基础一般构造如图 1-A. 3-1 所示。

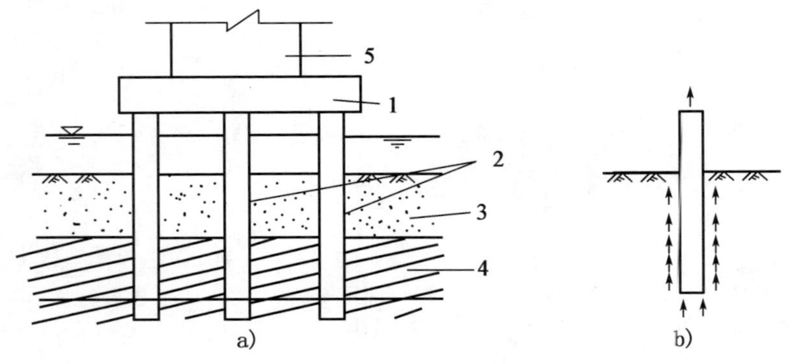

图 1-A. 3-1　桩基础一般构造

1-承台；2-基础；3-松软土基；4-持力层；5-墩身

A. 3. 3　分类

1) 桩基础类型及主要施工方法

桩基按照材料可分为木桩、钢筋混凝土桩、预应力混凝土桩与钢桩，桥梁基础中应用较多的是钢筋混凝土桩和预应力混凝土桩；按照制作方法分为预制桩和钻(挖)孔灌注桩；按照施工方法分为锤击沉桩、振动沉桩、射水沉桩、静力压桩、就地灌注桩与钻孔埋置桩等，前四种又称为沉入桩。施工时应根据地质条件、设计荷载、施工设备、工期限制及对附近建筑物产生的影响等来选择桩基的施工方法。

2) 钻孔灌注桩

(1) 钻孔灌注桩的定义

钻孔灌注桩指用钻(冲)孔机具在土中钻进，边破碎土体边出土渣而成孔，然后在孔内放入钢筋骨架，灌注混凝土而形成的桩。为了顺利成孔、成桩，需要采用包括制备有一定要求的泥浆护壁、提高孔内泥浆水位、灌注水下混凝土等相应的施工工艺和方法。

(2) 钻孔灌注桩的特点及适用条件

钻孔灌注桩的特点是施工设备简单、操作方便，既适应于各种砂性土、黏性土，也适应于碎、卵石类土层和岩层。但对淤泥及可能发生流沙或承压水的地基，施工较困难，施工前应做试桩以取得经验。

(3) 钻孔灌注桩施工工序

钻孔灌注桩的施工有很多工序，因成孔方法不同和现场情况各异，施工工艺流程图也不完全相同。所以在施工期，要安排好施工计划，编制具体的工艺流程图，作为安排各工序施工操作和进度的依据。根据各地的实践经验，钻孔灌注桩的施工工艺流程如图1-A. 3-2 所示。

①准备工作。施工前应将场地平整好，以便安装钻架进行钻孔。

②埋置护筒。护筒的作用主要是固定桩位，并作钻孔导向，保护孔口，防止孔口土层坍塌，隔离孔内、孔外表层水，并保持钻孔内水位高出施工水位以稳固孔壁(图 1-A. 3-3)。

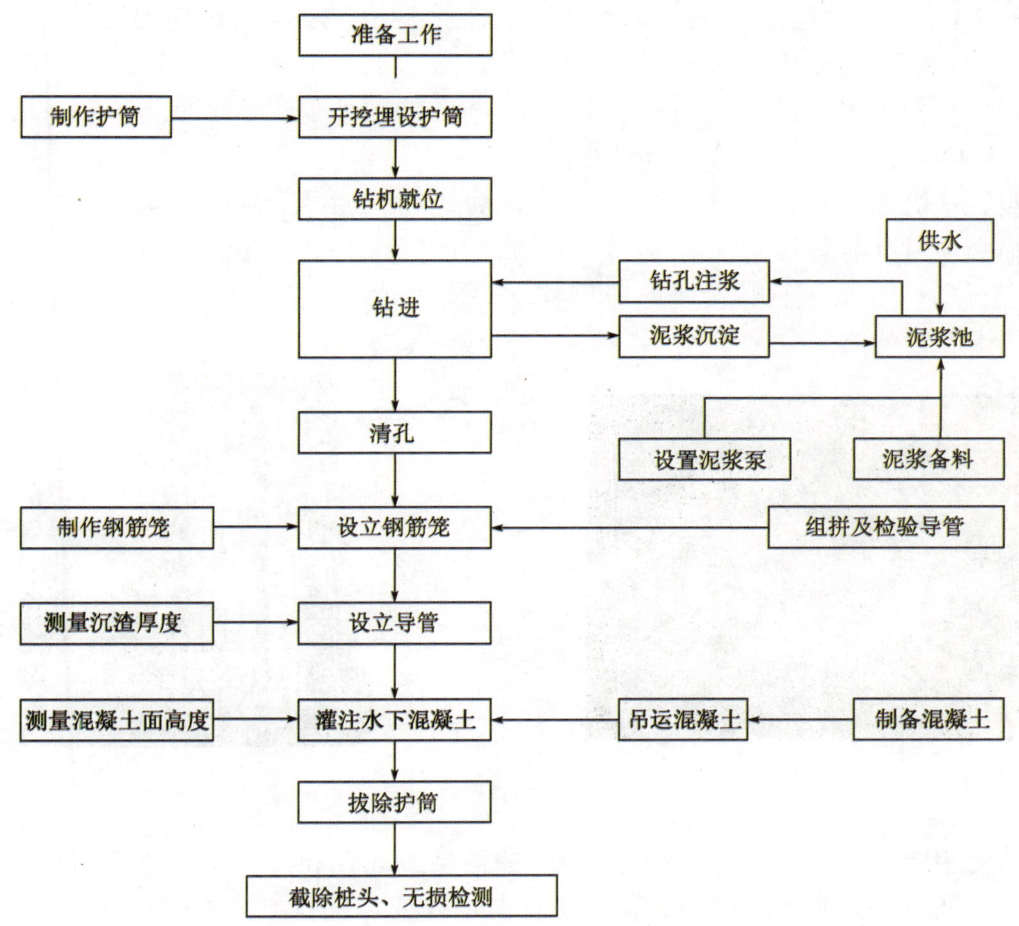

图 1-A.3-2　钻孔桩施工工艺流程

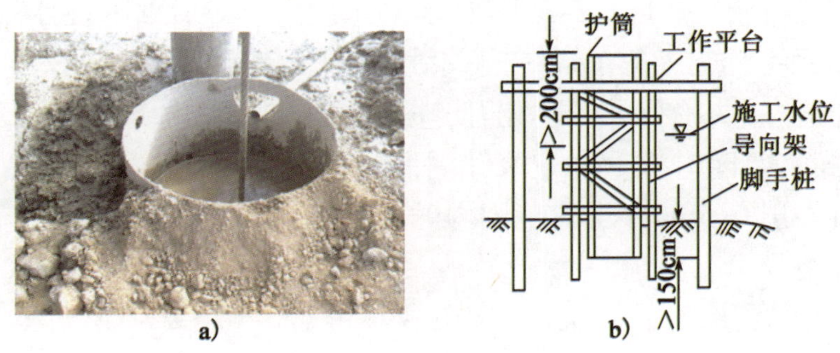

图 1-A.3-3　钢护筒及护筒埋置示意图

用钢板或钢筋混凝土制成的护筒应坚固、耐用、不易变形、不漏水、装卸方便并能重复使用。护筒内径应比钻头直径稍大；护筒顶高程应高出地下水位和施工最高水位 2m，旱地应高出地面 0.3m，护筒底应低于施工最低水位 0.1 ~0.3m；护筒的入土深度，当河底是黏性土时为 1 ~1.5m，砂性土时为 3 ~4m。

③制备泥浆。泥浆在钻孔中的主要作用是在孔内产生较大的静水压力，可防止坍孔；泥浆向孔外土层渗透，在钻进过程中，由于钻头的活动，孔壁表面形成一层胶

泥，具有护壁作用，同时将孔内外水流切断，能稳定孔内水位；泥浆比重大，具有挟带钻渣的作用，利于钻渣排出；此外还有冷却机具和切土润滑作用，降低钻具磨损和发热程度。因此在钻孔过程中，孔内应保持一定稠度的泥浆，一般比重以 1.1 ~ 1.3 为宜(图 1-A.3-4)。

④安装钻机或钻架。钻架是钻孔、吊放钢筋笼、灌注混凝土的支架。在钻孔过程中，成孔中心必须对准桩位中心，钻机(架)必须保持平稳，不发生位移、倾斜和沉陷。钻机(架)安装就位时，应详细测量，底座应用枕木垫实塞紧，顶端应用缆风绳固定平稳，并在钻机过程中经常检查。如图 1-A.3-5 所示为吊放钢筋笼。

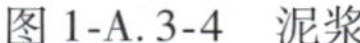

图 1-A.3-4　泥浆

图 1-A.3-5　吊放钢筋笼

⑤钻孔主要包括正(反)旋转钻进成孔、冲击钻进成孔和冲抓钻进成孔。在钻孔过程中应防止坍孔、孔形扭歪或孔偏斜，甚至把钻头埋住或掉进孔内等事故。

⑥清孔及装吊钢筋骨架。清孔的目的是除去孔底沉淀的钻渣和泥浆，以保证灌注的钢筋混凝土质量，确保桩的承载力。清孔的方法有抽浆清孔、掏渣清孔、换浆清孔。

⑦灌注水下混凝土(图 1-A.3-6)。目前多采用直升导管法灌注水下混凝土。灌注水下混凝土是钻孔灌注桩施工的最后一道关键性工序，其施工质量的好坏将严重影响成桩质量。施工中，应注意要确保拌和均匀，防止混凝土离析发生卡管事故，确保连续作业，避免任何原因的中断，要随时测量和记录孔内混凝土灌注高程和导管入孔长度，灌注的桩顶高程应比设计值高出 0.5m，并将此范围内的浮浆和混凝土凿除。

3)挖孔灌注桩

(1)挖孔灌注桩是指依靠人工(用部分机械配合)在地基中挖出桩孔，然后与钻孔桩一样灌注混凝土而成的桩。

(2)挖孔灌注桩的特点及适用条件：人工挖孔灌注桩适用于孔径比较大、无地下水或地下水很少的密实土层或岩石地层。桩形有圆形、方形两种。人工挖孔灌注桩所用机具少，成孔后可直观检查孔内土质情况，孔底易清除干净，桩身质量有保证。场区内可同时施工，因此造价低，工期短。

人工挖孔灌注桩的主要施工程序(图 1-A.3-7)：挖孔→支护孔壁→清底→安放钢筋笼→灌注混凝土。

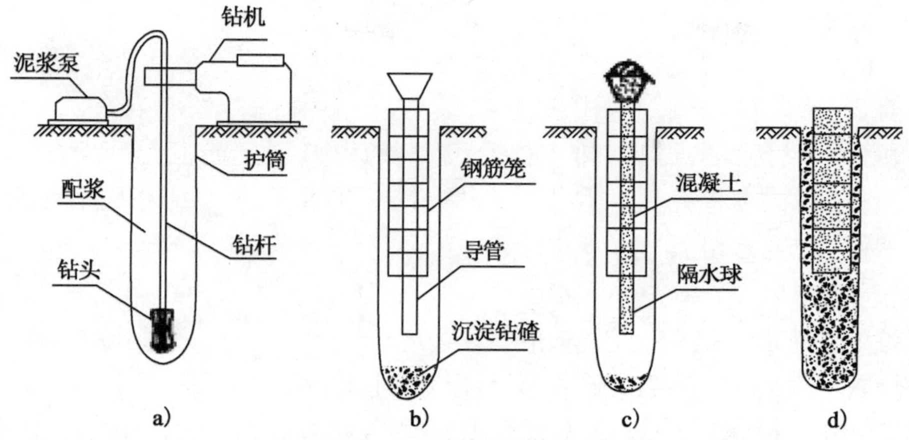

图 1-A. 3-6　水下混凝土浇筑示意图

a)成孔；b)下导管，钢筋笼；c)灌注混凝土；d)成柱

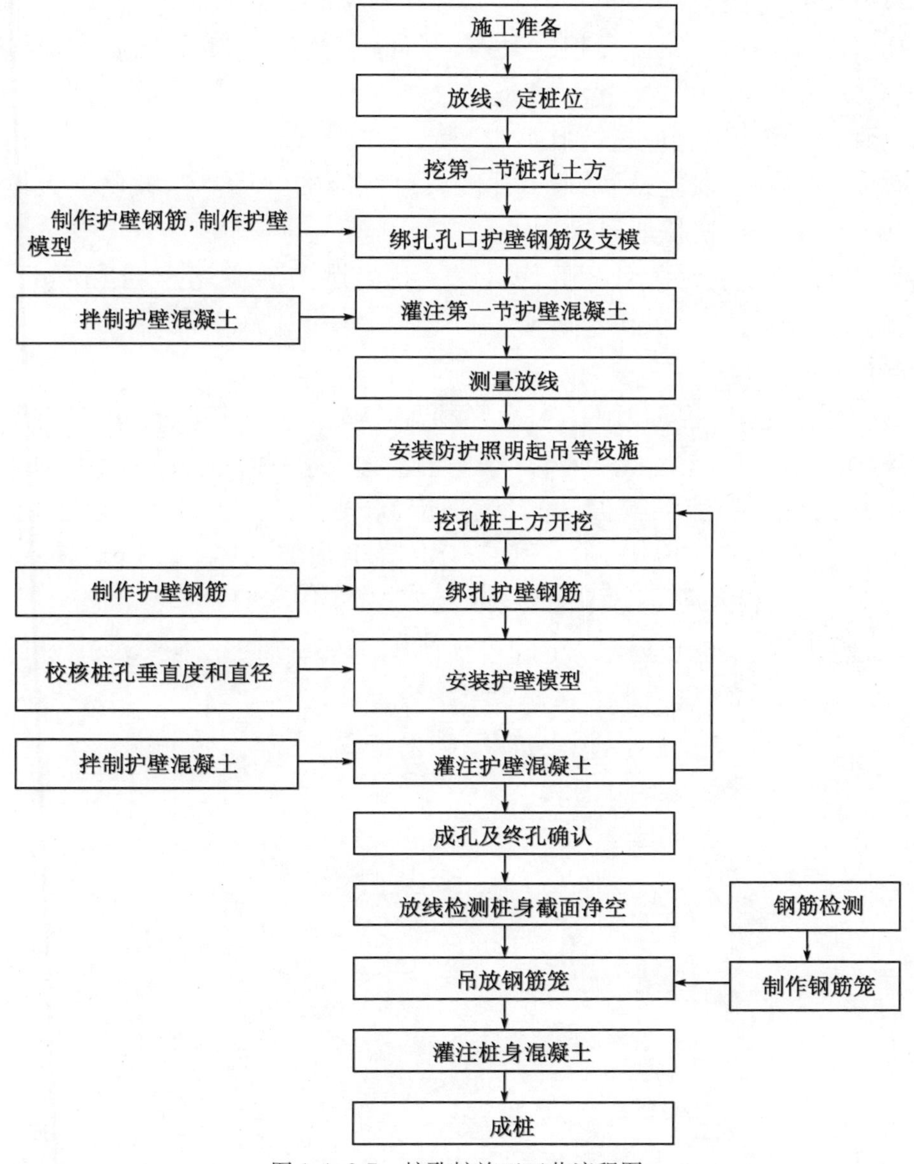

图 1-A. 3-7　挖孔桩施工工艺流程图

A.3.4　施工要点

(1)施工准备

开挖之前,应清除现场四周及山坡上悬石、浮土等,排除一切不安全因素,备好孔口四周临时围护和排水设备,并安排好排土提升设备,布置好弃土通道,必要时孔口应搭雨棚。挖土过程中,要随时检查桩孔尺寸和平面位置,防止产生误差。应根据孔内渗水情况,做好孔内排水工作,并做好机具配备工作。

(2)挖孔注意事项

①挖孔桩的桩芯尺寸不得小于0.8m。

②桩孔挖掘及支撑护壁两道工序必须连续作业,不宜中途停顿,以防坍孔。

③土层紧实、地下水不大时,一个墩台基础的所有桩孔可同时开挖,便于缩短工期,但渗水量大的孔应超前开挖、集中抽水,以降低其他孔水位。

④挖掘时要使孔壁稍有凹凸不平,以增加桩的摩擦力。

⑤在挖孔过程中,应经常检查桩孔尺寸和平面位置,孔径、孔深、垂直度必须符合设计要求。

⑥挖孔达到设计深度后,应进行孔底处理。

⑦挖孔时应注意施工安全,经常检查孔内有害气体的含量。二氧化碳含量超过0.3%或孔深超过10m时应采用机械通风。

⑧孔深大于5m时,必须采用电雷管引爆。孔内爆破后应先排烟15min,并经检查无有害气体后,施工人员方可下井继续作业。

(3)安全措施

挖孔时,应注意施工安全。挖孔工人必须配有安全帽、安全绳,必要时应搭设掩体。取出土渣的吊桶、吊钩、钢丝绳、卷扬机等机具,必须经常检查。井口周围须用木料、型钢或混凝土制成框架或围圈予以围护,井口围护应高于地面20~30cm,以防止土、石、杂物滚入孔内伤人。为防止井口坍塌,须在孔口用混凝土护壁,高约2.0m。挖孔时还应经常检查孔内的二氧化碳含量,如超过0.3%,或孔深超过10m时,应用机械通风。挖孔时工作暂停,孔口必须盖罩。井孔应安设牢固可靠的安全梯,以便于施工人员上下。

(4)支撑护壁

支撑护壁主要采用木支撑、混凝土护壁、喷射混凝土护壁、砖井圈护壁。

附录 B　简支梁桥施工

B.1　一般知识

B.1.1　常用名词术语

(1)简支梁桥:指主要承重构件为梁(或板)的桥梁。梁式桥在竖向外荷载作用下墩台仅有竖向反力,而无水平反力,构件内力为弯矩和剪力,无轴向力,与同跨径的其他桥型相比,梁内产生的弯矩最大,宜用抗弯性能好的材料建造,简支梁桥是目前我国农村公路建设中广泛使用的一种桥梁结构形式。

(2)斜桥:桥梁纵轴线与其墩台轴线不相垂直的桥梁。其受力较正桥复杂,只在桥梁走向与桥下河流或线路的走向呈斜角,用正桥跨越显得不经济或正桥墩台方向与桥下河流(或线路)有干扰时才用。

(3)弯桥:桥面中心线在平面上为曲线的桥梁,即位于平曲线上的桥梁。只在桥梁恰好位于线路曲线部分采用。但如曲线半径较大,也可做成折线形桥,并将曲线桥所需的净宽包含在折线桥的桥宽之内,这样将弯桥分段处理为直桥,可使结构构造和分析简化。

(4)桥梁净跨径:对于梁式桥而言指相邻两个桥墩(或桥台)之间的净距,对于拱式桥而言是指每孔拱跨两个拱脚截面最低点之间的水平距离。桥梁总跨径反映其排泄洪水的能力。

(5)标准跨径:对梁式桥,指的是相邻两桥墩中线之间桥中心线长度。拱式桥和涵洞以净跨径为主。

(6)桥梁全长(桥长):有桥台的桥梁为两岸桥台翼墙尾端间距离,用 L 表示。无桥台为桥面系行车道长度。

(7)桥梁建筑高度:是桥上行车路面(或轨顶)高程至桥跨结构最下缘之间的距离。要求不得大于容许建筑高度(线路定线确定桥面高程与通航净空界限顶部高程之差)。

(8)桥面净空:桥梁行车道、人行道上方应保持的空间界限。

(9)伸缩缝:桥梁伸缩缝指的是为满足桥面变形的要求,通常在两梁端之间、梁端与桥台之间或桥梁的铰接位置上设置伸缩缝。要求伸缩缝在平行、垂直于桥梁轴线的两个方向,均能自由伸缩,牢固可靠,车辆行驶过时应平顺、无突跳与噪声;要能防止雨水和垃圾泥土渗入阻塞;安装、检查、养护、消除污物都要简易方便。在设置伸缩缝处,栏杆与桥面铺装都要断开。

(10)钢筋混凝土梁桥:是用抗拉的钢筋混凝土和承压的混凝土复合建成的梁式桥,

在竖向荷载的作用下，支承处不产生推力。这种桥的优点是构造简单，施工方便，如做成静定结构，对地基的适应性强。缺点是自重大，易产生裂缝。如就地施工，工期较长，支架和模板木料的耗损量亦较大，故只适用中、小跨度的桥梁。钢筋混凝土梁桥按静力特性又分为简支梁桥、悬臂梁桥、连续梁桥。

（11）预应力混凝土梁桥：指桥跨结构采用预应力混凝土建造的梁桥。相对于钢筋混凝土梁桥，这种梁桥的优点是能够合理利用高强混凝土和高强度钢材，改善结构受拉区的应力状态，提高结构的抗裂性，从而提高结构的刚度和耐久性；在使用阶段具有较高的承载力和疲劳强度。但是此类梁桥对施工工艺水平要求较高，需要专门的设备。预应力混凝土梁桥按静力体系分为简支梁桥、连续梁桥、悬臂梁桥。

B.1.2　简支梁桥的特点及类型

简支梁桥多由钢筋混凝土构成，因而又称为钢筋混凝土梁桥。简支梁桥构造简单，施工方便，主要由上部结构、支座系统、桥墩、桥台和墩台基础等组成（图 1-B.1-1）。简支梁桥属于静定结构，其构造简单，架设方便，结构内力不受地基变形、温度改变的影响。它的特点是外形简单，制造方便，横向横隔梁联结，整体性也较好。在多孔简支梁桥中，相邻桥孔各自单独受力，便于预制、架设，简化施工管理，施工费用低，被广泛采用。

图 1-B.1-1　简支梁桥

按施工方法不同，简支梁桥分为整体式梁桥和节段式梁桥。按照承重结构的截面分类分为板式截面和肋式截面。板式截面主要包括实心板、空心板、梁肋式板以及异形板；肋式截面包括 T 形梁、I 形梁、Π 形梁以及箱梁。空心板质量轻、材料省，且易于吊装和运输，是农村公路中常用的形式。当桥梁跨度较大时，箱形梁是最好的结构形式，它的闭合薄壁截面抗扭刚度很大，顶底板都具有较大的面积，能有效地抵抗正负弯矩并满足配筋需要，具有良好的动力特性和较小的收缩变形值。

本节主要介绍后张法预应力混凝土梁式桥的施工要点。

B.2　施工工序

B.2.1　施工准备主要进行施工前的图纸熟悉、施工组织、施工测量、地质调查、场地准备等工作。

B.2.2　基坑开挖主要包括河床清理、围堰排水、钻孔桩施工、挖基等方面的工作。

B.2.3　桥墩、桥台施工主要包括桥墩基础、桥墩墩身、桥墩墩帽等部分的混凝土或砌石工程等部分的工作；在河流的两岸做混凝土或砌石桥台，并连接河岸和路堤。

B.2.4　主梁预制主要包括模板制作、钢筋加工及架立、波纹管混凝土浇筑、养护等工作。

B.2.5　张拉主要包括按照规定的顺序分批、分次对预应力钢绞线进行张拉、灌浆等工作。

B.2.6　主梁安装主要包括主梁运输、支座安装、主梁吊装、主梁定位等方面工作。

B.2.7　桥面安装主要包括主梁混凝土连接、桥面伸缩缝安装、桥面混凝土板铺装（或桥面混凝土浇筑）等工作。

B.2.8　设施施工主要包括桥面人行道、桥面排水、桥面栏杆、照明、交通标志、标线和其他设施工作，完成后即可开放交通。

B.3　施工工艺

B.3.1　施工原则

（1）施工准备与技术管理。桥梁施工必须做好施工前的准备工作和施工中的技术管理工作，严格执行国家颁布的技术规范和有关技术操作规程的规定，保证工程质量。

（2）推广使用新技术，促进施工现代化。桥梁施工应积极推广使用经过鉴定的新技术、新工艺、新结构、新材料、新设备，以加速实现公路桥涵施工现代化。

（3）节约用地，防止污染。桥梁施工应节约用地，少占农田，并按国家有关规定注意防止环境污染。

（4）注意水路交通影响。桥梁施工应充分考虑施工过程中，对陆上和水上交通的影响，特别是主航道和陆上主要交通干线不得中断。

（5）隐蔽工程。凡属隐蔽工程，必须填写隐蔽工程检查证（表）。

（6）工完场清。桥梁工程竣工后，应对临时工程、临时辅助设施、临时用地和弃土等及时进行处理，做到工完场清。

（7）文明施工与安全生产。桥梁工程必须文明施工、安全生产，严格遵守安全操作规程，加强安全生产教育，建立和健全安全生产管理制度。

B.3.2　桥梁施工准备工作内容

(1)熟悉设计意图,查对图纸文件资料。

(2)编制施工方案。施工方案的基本内容包括编制依据、工期要求、工程特点、主要工程、材料和机具数量、施工方法、施工力量部署、工程进度要求、完成工作量计划和临时设施的初步规划等。

(3)编制施工组织设计。主要内容包括工期要求、工程特点、主要施工方法、技术措施、施工进度、工程数量、完成工作量计划、机料设备及劳力计划、施工现场布置平面图、施工图纸、施工安全和施工质量保证措施等。

(4)测量检测桥涵中线位置桩、三角网基点桩、水准基点桩等,并对测量资料进行检查核对。

(5)协作配合。应充分调查地下原有管线或其他地下建筑物等障碍,以及施工中可能涉及与其他部门有关的问题,应事先联系、加强协作、签订协议。

B.3.3　桥梁施工组织

桥梁施工前应做好全桥施工的组织和计划安排工作,做到心中有数、安排有序,各工序应协调配合。有条件时应做出具体的施工组织设计,以指导施工全过程。

(1)简要叙述工程结构特点,所在地地质、水文、气候等因素对工程施工的影响和准备采取的措施。

(2)可按统筹法将主要工程项目的施工程序和施工进度编制成施工的指示图表,对控制全桥进度的关键项目,应采取集中力量以打歼灭战的方式解决。开工后如因故变动,应及时调整。

(3)根据工程特点和施工单位的具体情况,简要叙述主要工程的施工方法和保证工程质量、施工安全、节约以及推广采用新工艺、新技术、新结构、新材料的技术措施。

(4)绘制施工平面图,其中包括用地范围、临时性生产、生活用房、预制场地点与规模(构件现场预制时),以及各种材料的堆放地(包括构件堆放场地),水、电供应及设备,临时道路,大中型施工机械设备及其他临时设施的布置等。

(5)施工图纸的补充内容包括:设计文件和图纸中没有包括的施工结构详图、辅助设备图、临时设施图等。

(6)根据设计概(预)算,结合施工方案和施工单位以及现场的实际情况,由施工单位编制施工预算,它比设计概(预)算更详细、更切合实际,但投资额和主要材料一般不能突破设计指标。应按规定办理审批手续。

(7)编制主要材料、劳动力、机具设备、运输车辆的数量及供应计划;结合工程计划进度,适时组织供应,以保证顺利进展。编制过程中应注意反复平衡,可能情况下避免高峰突出。

B.3.4　桥梁施工场地布置的基本原则

场地布置是桥梁施工准备阶段的重要内容之一,如布置不当,将给施工带来诸多不便，不但增加不必要的场内运输和装卸，浪费资金、劳力，而且延误工期。为此，应重视场地布置，并通过掌握下列基本原则进行安排：

(1)节约用地，尽可能利用原有建筑物；尤须注意少占农田面积。

(2)施工场地应布置在施工期内不受水淹没和不受沟谷山洪威胁之处。

(3)施工用地布置应做到方便，合理节约运输和装卸时间与费用。

(4)注意卫生福利条件，满足职工的生活、文化娱乐的要求和必要的医疗急救设施。

(5)进行施工场地布置时，易燃、易爆等危险品的存放地点应符合安全和消防的有关规定和要求。

(6)根据场内运输要求，合理布置临时道路(便道)，并充分考虑场内过河运输问题。

B.3.5　墩身、墩帽施工要点

石砌墩台的施工方法和要求与石拱桥相同。下面着重介绍混凝土墩身和墩帽的施工要点。混凝土墩身、墩帽的施工工艺流程如图 1-B.3-1 所示。

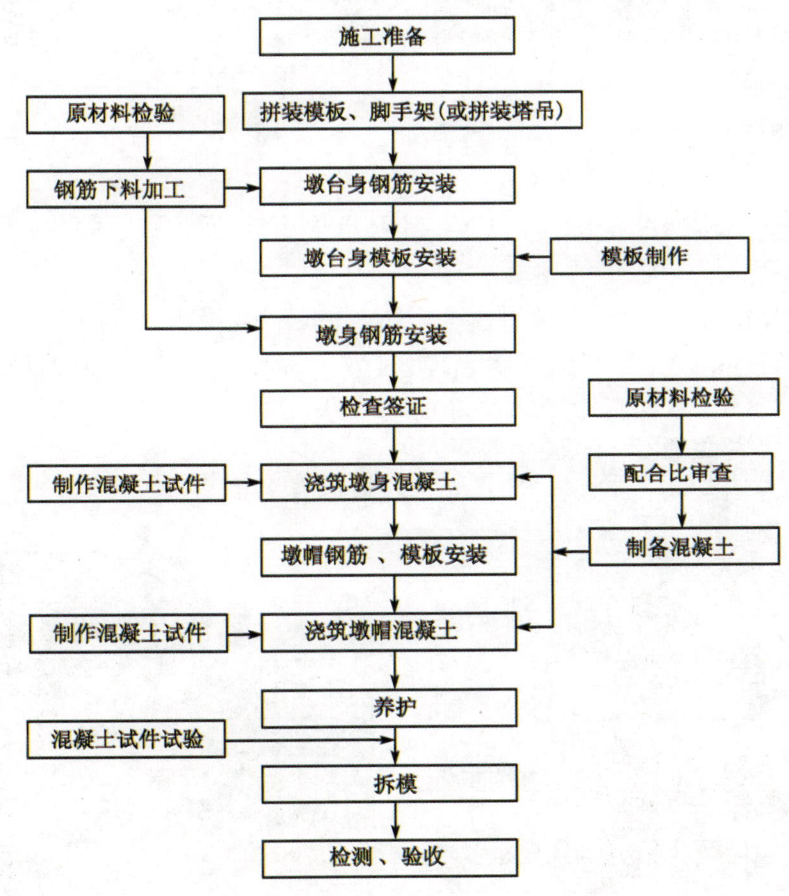

图 1-B.3-1　墩身、墩帽施工工艺流程图

(1)柱式墩身施工

常用的柱式墩有单柱墩、双柱墩，其施工工序与实体混凝土墩相比，主要是增加了钢筋的加工、制作和安装。其施工要点为：

①模板制作。根据设计的柱形（圆形、矩形或方形）制作和安装模板，模板的类型应按当地实际情况选定。

②清理混凝土桩。将混凝土桩顶打毛并冲洗干净，以便桩与柱或桩与承台连接牢靠（图 1-B. 3-2）。

③安装墩柱、桩身钢筋。钢筋的规格、加工、制作与绑扎均应符合设计及有关规定要求（图 1-B. 3-3）。

图 1-B. 3-2　清理桩头

图 1-B. 3-3　安装墩柱、桩身钢筋

④架立墩柱模板。

⑤浇筑墩身混凝土（图 1-B. 3-4）。

墩帽是用来支承桥跨结构的，其位置、高程及垫石表面平整度等均应符合设计要求，以免造成不良后果。墩帽施工的主要工序为：

①墩帽放样及钢筋架立。当墩身混凝土浇筑至距墩帽下缘约 30 ~ 50cm 高度时，即需测出墩身的纵横中心线，并开始立墩帽模板，安装锚栓孔或安装预埋件（图 1-B. 3-5）。

图 1-B. 3-4　浇筑墩身混凝土

图1-B. 3-5　墩帽放样及钢筋架立、安装墩帽模板

②安装墩帽模板。对墩帽位置、尺寸和高程的准确度要求较严。基模板应精确制作，细心安装，悬臂墩帽，可利用基础襟边树立支架，在悬出的支架上立模；或预先在敦身上部预埋 2 ~ 3 排螺栓，以锚定牛腿支架、承托模板。柱式墩墩帽（亦称盖梁）除装配式外，需

要现场立模浇筑。盖梁的体积小,可利用墩柱身作支撑,用木梁和螺栓夹紧墩柱,上铺横梁,再安装底模板、侧模板。这些木梁、横梁、拉杆、方框架等均需预制,用时安装。

③钢筋网、预埋件、预留孔等的安装,位置正确,定位牢固。应特别注意支座垫石的尺寸、高程、锚栓孔、表面平整度等的准确性。

④浇筑墩帽混凝土(图1-B.3-6)。必须重视混凝土的密实性。

(2)支座安装

支座能有效传递桥梁上部垂直荷载至下部构造;减缓桥梁上部荷载在传递时产生的冲击;有效传递由于汽车制动力、温度伸缩产生的水平荷载。目前常用的为橡胶支座(图1-B.3-7)。安装时,应先检查墩上支承面的平整度和横向坡度是否符合设计要求,梁板就位后,梁板与支撑必须紧贴,不得有空隙和翘动现象。

图1-B.3-6　浇筑墩帽混凝土

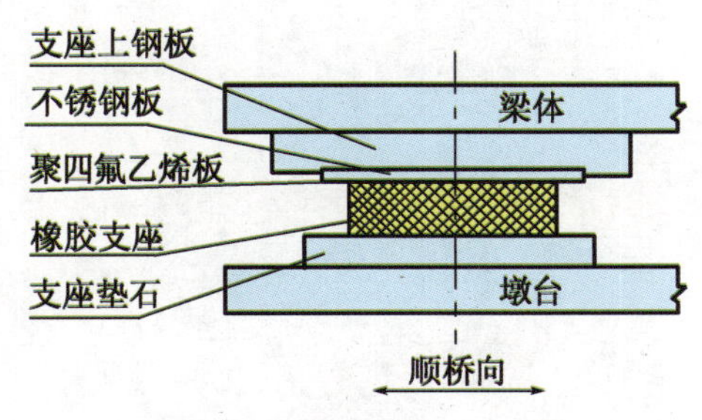

图1-B.3-7　橡胶支座

B.3.6　主梁施工

1)模板制作与安装

模板按使用材料可分为钢模板(图1-B.3-8)、木模板等。浇筑混凝土之前,模板应涂刷脱模剂,外露面混凝土模板的脱模剂应采用同一品种,不得使用易粘在混凝土上或使混凝土变色的油料。模板在放样之后制作各部件,钢模截面的尺寸与长度要准确,要考虑焊缝收缩对长度的影响。模板表面应平整,转角要光滑,连接孔要配合准确。在组装模板单元时,相对位置要准确,焊缝要平顺。模板的组装可在工作平台上或胎具上进行。底模制作时需考虑预制梁的预拱度。

模板的安装应与钢筋加工配合进行。在底模整平及钢筋骨架安装后,安装侧模板和端模板,也可先安装端模,后安装侧模。拆模好坏决定了预制梁的质量和模板的周转使用率。非承重的侧模板应在混凝土抗压强度达到2.5MPa,且能保证其表面及棱角不致因拆模而受损坏时方可拆除;承重模板应在混凝土强度能承受自重和其他可能的外荷载时方能拆除。

图1-B.3-8　钢模板

2)钢筋安装

普通钢筋从加工到形成钢筋骨架需要经过钢筋整直、切断、除锈、弯钩、焊接、绑扎等工序。在加工之前首先应对所用的钢筋进行抽检。

焊接成型的钢筋骨架，用起吊设备吊入模板内即可。绑扎钢筋骨架，应事先确定安装顺序（图1-B.3-9）。一般在梁肋的钢筋，先安箍盘，再安下排主筋，后安上排主筋。钢筋安装中，应保持位置正确，达到设计及构造要求。

3）混凝土的浇筑

在考虑主梁混凝土的浇筑顺序时，不应使模板和支架产生有害的下沉；为了使混凝土振捣密实，应采用相应的分层浇筑；当在斜面或曲面上浇筑混凝土时，一般应从低处开始。一般以振捣至混凝土不再下沉、无显著气泡上升、混凝土表面出现薄层水泥浆、表面达到平整为宜（图1-B.3-10）。

图1-B.3-9 钢筋绑扎

图1-B.3-10 混凝土振捣

在振捣设备的选择上，对于石料粒径较大的混凝土，选用频率较低、振幅较大的振捣器，效率较高，反之，则宜选用频率高、振幅小的，原因是振幅太大容易使较小骨料作无规则的翻动，反而造成混凝土离析。

混凝土浇筑完成后应及时进行养护。当混凝土强度达到设计强度等级的25%以后，可拆除侧模；达到设计强度等级的50%后，可拆除跨径30m以内的桥梁的模板；达到在桥跨结构静重作用下所必需的强度且不小于设计强度等级的70%以后，可拆除各种梁的模板。

4）施加预应力施工要点

（1）先张法预应力简支梁桥施工

先张法是将预应力筋在台座上按设计要求的张拉控制应力张拉，然后立模浇筑混凝土，待混凝土强度达到设计强度等级80%后，放松预应力筋。由于钢筋的回缩，通过其与混凝土之间的黏结力，使混凝土得到预应力（图1-B.3-11）。

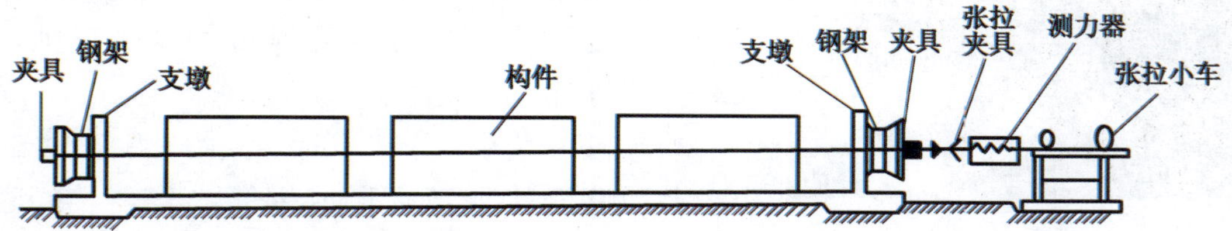

图1-B.3-11 先张法张拉示意图

先张法的优点：只需夹具，可重复使用，它的锚固是依靠预应力筋与混凝土的黏结力自锚于混凝土中；工艺构造简单，施工方便，成本低。

先张法的缺点：需要专门的张拉台座，一次性投资大；构件中的预应力筋只能直线配筋；适用于长度在 25m 内的预制构件。

(2)后张法预应力简支梁桥施工

后张法是先制作留有预应力筋孔道的梁体，待混凝土达到设计强度的 75% 后，将预应力筋穿入孔道，并利用构件本身作为张拉台座张拉预应力筋并锚固，然后进行孔道压浆并浇筑封闭锚具的混凝土，混凝土因有锚具传递压力而得到预应力。

后张法的优点：预应力筋直接在梁体上张拉，不需要专门台座；预应力筋可按设计要求配合弯矩和剪力变化布置成直线形或曲线形；适用于预制或现浇的大型构件。

后张法的缺点：每一根预应力筋或每一束两头都需要加设锚具，在施工中还增加留孔、穿筋、灌浆和封锚等工序，工艺较复杂，成本高。

后张法制作预应力混凝土构件，一般在施工现场进行，适用于大于 25m 的简支梁或现场浇筑的桥梁上部结构。

①预留孔道

a. 保证预应力筋预留孔道尺寸与位置正确，端部的预埋钢垫板应垂直于孔道中心线。保证预留孔道通畅，芯管的连接处不漏浆；管道应按设计规定的坐标位置进行安装，并采用定位钢筋固定，使其能牢固地置于模板内的设计位置，且在混凝土浇筑期间不产生位移(图 1-B. 3-12)。固定各种成孔管道用的定位钢筋的间距，对钢管不宜大于 1.0m，波纹管不宜大于 0.8m；所有管道均应在每个顶点设排气孔，需要时在每个低点设排水孔。管道安装的允许偏差应符合表 1-B. 3-1 的规定。

图 1-B. 3-12　后张法预应力管道安放

管道安装的允许偏差　　表 1-B. 3-1

项　目		允许偏差(mm)
管道坐标	梁长方向	30
	梁高方向	10
管道间距	同排	10
	上下层	10

b. 采用胶管抽芯法制孔时，胶管内应插入芯棒或充以压力水增加刚度；采用钢管抽芯法制孔时，钢管表面应光滑，焊接接头应平顺。抽芯时间应通过试验确定，以混凝土抗压强度达到 0.4 ~ 0.8MPa 时为宜，抽拔时不得损伤结构混凝土。

②预应力筋安装与张拉

a. 预应力筋安装可在浇筑混凝土之前或之后穿入孔道，对钢绞线可逐根将钢绞线穿入孔道，也可以将全部钢绞线编束后整体装入管道中。穿束前应检查锚垫板位置是否准确，孔道内是否畅通，有无水和其他杂物。在混凝土浇筑之前，必须将管道上一切非有意留的孔、开口或损坏之处修复，并应在浇筑混凝土过程中随时检查预应力筋能否在管道内自由移动(图 1-B.3-13)。

b. 张拉时，结构或构件混凝土的强度、弹性模量(或龄期)应符合设计规定，设计未规定时，混凝土的强度应不低于设计强度等级值的 80%，弹性模量应不低于混凝土 28d 弹性模量的 80%。直线筋和螺纹钢筋可在一端张拉，对于曲线预应力筋，应根据施工计算的要求采取两端张拉或一端张拉的方式进行，当锚固损失的影响长度小于或等于 $L/2$(L 为结构或构件长度)时，应采取两端张拉；当锚固损失的影响长度大于 $L/2$ 时，可采取一端张拉(图 1-B.3-14)。

图 1-B.3-13　预应力钢束安装

图 1-B.3-14　张拉现场

c. 张拉程序(表 1-B.3-2)。

后张法预应力筋张拉程序　　表 1-B.3-2

锚具和预应力筋类别		张拉程序
夹片式等具有自锚性能的锚具	钢绞线束、钢丝束	普通松弛预应力筋：0→初应力→1.03σ_{con}(锚固)
		低松弛预应力筋：0→初应力→σ_{con}(持荷 5min 锚固)
其他锚具	钢绞线束	0→初应力→1.05σ_{con}(持荷 5min)→σ_{con}(锚固)
	钢丝束	0→初应力→1.05σ_{con}(持荷 5min)→0→σ_{con}(锚固)
螺母锚固锚具	螺纹钢束	0→初应力→σ_{con}(持荷 5min)→0→σ_{con}(锚固)

d. 预应力筋在张拉控制应力达到稳定后方可锚固。锚固完毕经检验确认合格后方可切割端头多余的预应力筋，切割时应采用砂轮锯，严禁采用电弧进行切割，同时不得损伤锚具。切割后预应力筋的外露长度不应小于 30mm，且不应小于 1.5 倍预应力筋直径。

③孔道压浆及封锚

a. 预应力筋张拉锚固后，孔道应尽早压浆，且应在 48h 内完成，否则应采取避免预应力筋锈蚀的措施。

b. 冲洗孔道。压浆前先用清水冲洗孔道，使之湿润，以保持灰浆的流动性，同时要检查灌浆孔、排气孔是否通畅。

c. 确定灰浆配合比。后张预应力孔道宜采用专用压浆或专用压浆剂配置的浆液进行压浆。浆液自拌制完成至压入孔道的延续时间不宜超过40min，且在使用前和压注过程中应连续搅拌。

d. 压浆方法。压浆时，对曲线孔道和竖向孔道应从最低点的压浆孔压入；对结构或构件中以上下分层设置的孔道，应按先下层后上层的顺序进行压浆。同一管道的压浆应连续进行，一次完成。压浆应缓慢、均匀地进行，不得中断，并应将所有最高点的排气孔依次打开和关闭，使孔道内排气通畅。压浆后，应通过检查孔抽查压浆的密实情况，如有不实，应及时进行补压浆处理。

e. 封锚锚固。压浆完成后，应及时对锚固端按设计要求进行封闭保护或防腐处理，需要封锚的锚具，应在压浆完成后对梁端混凝土凿毛并将其周围冲洗干净，设置钢筋网浇筑封锚混凝土。封锚应采用与结构或构件同强度的混凝土，并应严格控制封锚后的梁体长度，长期外露的锚具，应采取防锈措施。

5）主梁运送

主梁预制场离工地较远时，应用吊车配合汽车装卸运送（图1-B.3-15）。

6）主梁安装

主梁预制达到设计强度，经“出坑”（指把预制件从预制场的底座上接出来）场内运输和堆放，再运输到桥梁墩台处，进行安装（图1-B.3-16）。简支梁、板构件的架设，包括起吊、纵移、横移、落梁等工序。从架梁的工艺类别来分，有陆地架设、浮吊架设和高空架设等方法。

图1-B.3-15　主梁运输

图1-B.3-16　主梁安装

图1-B.3-17　桥面混凝土浇筑

7）梁（板）的横向连接

为使单个混凝土箱梁连成整体，必须进行接头连接工作。需要浇筑湿接头的箱梁端部的形状应符合设计规定，预应力钢束及其他预留孔道的偏差应不大于4mm；宜先将一联箱梁采用型钢在纵向予以临时固结，且宜在一天中气温最低且温度场均匀稳定的时段浇筑湿接头混凝土。

8)桥面钢筋绑扎及桥面混凝土浇筑(图 1-B. 3-17)。

B.3.7　桥面部分

钢筋混凝土和预应力混凝土桥的桥面部分通常包括桥面铺装、防水和排水设备、伸缩缝、人行道(或安全带)、缘石、栏杆和灯柱等构造。由于桥面部分天然敞露从而对气候影响十分敏感,车辆行人来往对其感观也很重视,根据以往的实践,建桥时由于对桥面重视不足而导致日后修补和维护的例子不少,因此,如何合理改进桥面的构造和施工,已越来越引起人们的注意。

(1)桥面伸缩缝:主要作用是为保证在气温变化、混凝土收缩与徐变以及荷载作用等因素影响下,桥跨结构能够按静力图式自由地变形,并保证车辆平稳通过。桥梁在营运过程中,桥梁伸缩缝装置是承受最大动力载荷的附件。桥梁伸缩缝一般设置在两相邻梁端之间、梁端与桥台背墙之间,并在伸缩缝处设置伸缩装置(图 1-B. 3-18)。在伸缩缝附近的栏杆、人行道等结构也应断开,以满足梁体的自由变形。对于中小跨径的桥梁,当变形量在 2 ~ 4cm 以内时,常采用以锌铁皮作为跨缝材料的伸缩缝构造。对于梁端变形量较大(4 ~ 6cm 及以上)的情况,可采用以钢板为跨缝材料的伸缩缝构造。

(2)桥面防水层:防水层设置在桥梁行车道板的顶面,它将透过桥面铺装层的雨水汇集到排水设备。防水层要求具有不透水,有一定强度、弹性和韧性、耐腐蚀性和耐老化性的特点。防水层铺设要求:在桥面伸缩缝处应连续铺设,不可切断;桥面纵向应铺过桥台背。

(3)桥面铺装:桥面铺装层可以防止车辆轮胎或履带直接磨耗行车道板,保护主梁免受雨水的侵蚀,并对车辆轮重的集中荷载起分布作用。桥面铺装层要求具有抗车辙、行车舒适、抗滑、不透水、刚度好的特点(图 1-B. 3-19)。

图 1-B. 3-18　桥面伸缩缝

图 1-B. 3-19　桥面铺装

(4)人行道、安全防护带和护栏施工:当桥梁设计有人行道时,应按设计要求施工。一般人行道由路缘石、人行道梁、人行道板和栏杆等组成。其施工主要是小型构件的预制和安装。

(5)泄水管安装:泄水管应按设计确定的位置、管径和间距进行施工。但应注意,泄水管伸出结构物底面 10 ~ 15cm,进水口应比桥面低 1 ~ 2m,以便进水。

B.4　钢筋混凝土现浇梁桥施工要点

B.4.1　支架及模板

支架按材料分有钢、木支架和钢木混合支架等。按构造分，包括支柱式支架、梁式支架、梁支柱式支架。农村公路常采用满堂的支柱式支架，有时也可采用土牛支架。

模板制造宜选用机械化方法，并用样板或其他设备以保证模板形状的正确和尺寸的精度。模板制作尺寸与设计要求的偏差、表面局部不平整、板间缝隙宽度和安装偏差均应符合有关规定。

施工要点如下：

(1)模板、支架、拱架必须要有足够的强度、刚度和稳定性。对其结构的计算图式应简单、明了，为了减少变形，构件应主要选用受压或受拉形式，并减少构件接缝数量。

(2)在河道中施工的支架，要充分考虑洪水和漂流物以及通过船只(队)的影响，要有足够的安全措施，安排施工进度要避免在高水位情况下施工。

(3)支架、拱架在受荷后会产生变形与挠度，在安装前要有充分的估计和计算，并在安装时设置预拱度。

(4)模板的接缝必须密合。

(5)为减少施工现场的安装和拆卸工作，便于周转使用，模板、支架、拱架应尽量做成装配式组件或块件。

B.4.2　混凝土浇筑

(1)浇筑准备。现场浇筑施工的梁式桥在浇混凝土前要进行周密的准备工作和严格的检查。①要确定混凝土的浇筑速度；②要确定混凝土的浇筑顺序。

(2)浇筑工艺。对于跨径不大的简支梁桥，可在一跨全长内分层浇筑，在跨中合龙，称为水平分层浇筑；简支梁桥的混凝土浇筑应从主梁的两端用斜层法向跨中浇筑，在跨中合龙。当桥面较宽且混凝土数量较大时，可分成若干纵向单元分别浇筑。

B.4.3　混凝土运送

运输工具可采用汽车、拌和车、手推车、轻轨斗车、缆索吊机、混凝土输送泵和传送带等。混凝土的拌制和运输，应尽可能使运距短、转载少，以缩短运输时间，满足浇筑速度要求，并使混凝土保持应有的塑性。每盘混凝土由开始搅拌至浇筑完毕的时间，一般情况下，在干燥暖和天气不宜超过 1h，低温潮湿天气不宜超过 2h，有特殊情况例外。在运输过程中，不得使混凝土发生离析现象。混凝土运到浇筑地点后，一般应直接放到浇筑部位，不再移动。

运输及提升方法主要有以下 4 种：

(1)在桥面上运输：跨径不大的桥梁，可在上部构造模板上运送，可采用手推车、小型机动斗车或轻轨斗车。

(2)索道吊机运输:索道吊机一般以顺桥方向跨越全部桥跨设置,可设一条或两条索道,在桥的横向可用牵引的方法或搭设平台分送混凝土。索道吊机适用于河谷较深或水流湍急的桥梁。

(3)在河滩上运输:当桥下为较为平坦的河滩时,可用汽车或轻轨斗车进行水平运输,用吊机进行垂直的横向运输。

(4)输送泵运输:混凝土数量较大的大型桥梁,宜在岸或船上设置混凝土拌和厂,采用混凝土输送泵。

B.4.4　养护及模板拆除

混凝土浇筑完成后进行养生,能促使混凝土硬化,并在获得规定强度的同时,防止混凝土因干缩引起的裂缝,防止混凝土受雨淋、日晒、受冻及受荷载的振动、冲击。由于混凝土在硬化过程中发热,在夏季和干燥的气候下应进行湿式养生,冬季则主要保护其不受冻,采取防冻措施。

当混凝土强度达到设计强度等级 25% 以后,可拆除侧模;当混凝土强度达到设计强度等级的 70% 以上方可拆除各种梁的模板。对于预应力梁,应在预应力筋张拉完毕或张拉到一定数量后再拆除模板,以免梁体混凝土受拉。梁的落架程序应从梁挠度最大处的支架节点开始,逐步卸落相邻两侧的节点,并要求对称、均匀、有顺序的进行。

B.5　施工质量控制与检测

B.5.1　桩基础(表 1-B.5-1、表 1-B.5-2)

承台实测项目　　表 1-B.5-1

项　次	检 查 项 目	规定值或允许偏差	检查方法和频率
1	混凝土强度(MPa)	在合格标准内	—
2	尺寸(mm)	±30	尺量:长、宽、高各检查 2 处
3	顶面高程(mm)	±20	水准仪:检查 5 处
4	轴线偏位(mm)	15	全站仪或经纬仪:纵横各测量 2 点

钻、挖桩实测项目　　表 1-B.5-2

<table>
<tr><th></th><th>项次</th><th colspan="3">检 查 项 目</th><th>规定值或允许偏差</th><th>检查方法和频率</th></tr>
<tr><td rowspan="7">钻孔</td><td>1</td><td colspan="3">混凝土强度(MPa)</td><td>在合格标准内</td><td>—</td></tr>
<tr><td rowspan="3">2</td><td rowspan="3">桩位
(mm)</td><td colspan="2">群桩</td><td>100</td><td rowspan="3">全站仪或经纬仪:
每桩检查</td></tr>
<tr><td rowspan="2">排架桩</td><td>允许</td><td>50</td></tr>
<tr><td>极值</td><td>100</td></tr>
<tr><td>3</td><td colspan="3">孔深(m)</td><td>不小于设计</td><td>测绳量:每桩测量</td></tr>
<tr><td>4</td><td colspan="3">孔径(mm)</td><td>不小于设计</td><td>探孔器:每桩测量</td></tr>
<tr><td>5</td><td colspan="3">钻孔倾斜度(mm)</td><td>1% 桩长,且不大于 500</td><td>用测壁(斜)仪或钻杆垂线法:每桩检查</td></tr>
</table>

续上表

<table>
<tr><th></th><th>项次</th><th colspan="3">检 查 项 目</th><th>规定值或允许偏差</th><th>检查方法和频率</th></tr>
<tr><td rowspan="3">钻孔</td><td rowspan="2">6</td><td rowspan="2">沉淀厚度(mm)</td><td colspan="2">摩擦桩</td><td>符合设计规定,设计未规定时按施工规范要求</td><td rowspan="2">沉淀盒或标准测锤:每桩检查</td></tr>
<tr><td colspan="2">支承桩</td><td>不大于设计规定</td></tr>
<tr><td>7</td><td colspan="3">钢筋骨架底面高程(mm)</td><td>±50</td><td>水准仪:测每桩骨架顶面高程后反算</td></tr>
<tr><td rowspan="8">挖孔</td><td>1</td><td colspan="3">混凝土强度(MPa)</td><td>在合格标准内</td><td>—</td></tr>
<tr><td rowspan="3">2</td><td rowspan="3">桩位(mm)</td><td colspan="2">群桩</td><td>100</td><td rowspan="3">全站仪或经纬仪:每桩检查</td></tr>
<tr><td rowspan="2">排架桩</td><td>允许</td><td>50</td></tr>
<tr><td>极值</td><td>100</td></tr>
<tr><td>3</td><td colspan="3">孔深(m)</td><td>不小于设计</td><td>测绳量:每桩测量</td></tr>
<tr><td>4</td><td colspan="3">孔径(mm)</td><td>不小于设计</td><td>探孔器:每桩测量</td></tr>
<tr><td>5</td><td colspan="3">孔的倾斜度(mm)</td><td>0.5% 桩长,且不大于 200</td><td>垂线法:每桩检查</td></tr>
<tr><td>6</td><td colspan="3">钢筋骨架底面高程(mm)</td><td>±50</td><td>水准仪测骨架顶面高程后反算:每桩检查</td></tr>
</table>

钻、挖孔桩混凝土质量检测要求如下:

(1)桩身混凝土抗压强度应符合设计规定,每桩试件组数为 2～4 组。

(2)检测方法和数量应符合设计要求。

(3)当检测后,桩身质量不符合要求时,应研究处理方案,上报处理解决。

B.5.2　模板及支架(表 1-B.5-3、表 1-B.5-4)

模板、支架及拱架制作允许偏差　　表 1-B.5-3

<table>
<tr><th colspan="3">项　　目</th><th>允许偏差(mm)</th></tr>
<tr><td rowspan="8">木模板制作</td><td colspan="2">模板的长度和宽度</td><td>±5</td></tr>
<tr><td colspan="2">不刨光模板相邻两板表面高低差</td><td>3</td></tr>
<tr><td colspan="2">刨光模板相邻两板表面高低差</td><td>1</td></tr>
<tr><td rowspan="2">平板模板表面最大的局部不平</td><td>刨光模板</td><td>3</td></tr>
<tr><td>不刨光模板</td><td>5</td></tr>
<tr><td colspan="2">拼合板中木板间的缝隙宽度</td><td>2</td></tr>
<tr><td colspan="2">支架、拱架尺寸</td><td>±5</td></tr>
<tr><td colspan="2">榫槽嵌接密度</td><td>2</td></tr>
</table>

续上表

<table>
<tr><td colspan="3">项　　目</td><td>允许偏差(mm)</td></tr>
<tr><td rowspan="8">钢模板制作</td><td rowspan="2">外形尺寸</td><td>长和高</td><td>0,-1</td></tr>
<tr><td>肋高</td><td>±5</td></tr>
<tr><td colspan="2">面板端偏斜</td><td>≤0.5</td></tr>
<tr><td rowspan="3">连接配件(螺栓、卡子等)的孔眼位置</td><td>孔中心与板面的间距</td><td>±0.3</td></tr>
<tr><td>板端中心与板端间距</td><td>0,-0.5</td></tr>
<tr><td>沿板长、宽方向的孔</td><td>±0.6</td></tr>
<tr><td colspan="2">板面局部不平</td><td>1.0</td></tr>
<tr><td colspan="2">面板和板侧挠度</td><td>±1.0</td></tr>
</table>

模板、支架及拱架安装的允许偏差　　表 1-B.5-4

<table>
<tr><td colspan="2">项　　目</td><td>允许偏差(mm)</td></tr>
<tr><td rowspan="3">模板高程</td><td>基础</td><td>±15</td></tr>
<tr><td>柱、墙和梁</td><td>±10</td></tr>
<tr><td>墩台</td><td>±10</td></tr>
<tr><td rowspan="3">模板内部尺寸</td><td>上部构造的所有构件</td><td>+5,0</td></tr>
<tr><td>基础</td><td>±30</td></tr>
<tr><td>墩台</td><td>±20</td></tr>
<tr><td rowspan="4">轴线偏位</td><td>基础</td><td>15</td></tr>
<tr><td>柱或墙</td><td>8</td></tr>
<tr><td>梁</td><td>10</td></tr>
<tr><td>墩台</td><td>10</td></tr>
<tr><td colspan="2">装配式构件支承面的高程</td><td>+2,-5</td></tr>
<tr><td colspan="2">模板相邻两板表面高低差</td><td>2</td></tr>
<tr><td colspan="2">模板表面平整</td><td>5</td></tr>
<tr><td colspan="2">预埋件中心线位置</td><td>3</td></tr>
<tr><td colspan="2">预留孔洞中心线位置</td><td>10</td></tr>
<tr><td colspan="2">预留孔洞截面内部尺寸</td><td>+10,0</td></tr>
<tr><td rowspan="2">支架和拱架</td><td>纵轴的平面位置</td><td>跨度的 1/1 000 或 30</td></tr>
<tr><td>曲线形拱架的高程(包括建筑拱度在内)</td><td>+20,-10</td></tr>
</table>

B.5.3　钢筋工程(表 1-B.5-5 ~ 表 1-B.5-7)

加工钢筋的允许偏差　　表 1-B.5-5

项　　目	允许偏差(mm)
受力钢筋长度方向加工后的全长	±10
弯起钢筋各部分尺寸	±20
箍筋、螺旋筋各部分尺寸	±5

焊接网及焊接骨架的允许偏差　　表 1-B.5-6

项　　目	允许偏差(mm)	项　　目	允许偏差(mm)
网的长、宽	±10	骨架的宽及高	±5
网眼的尺寸	±10	骨架的长	±10
网眼的对角线差	10	箍筋间距	0,−20

钢筋位置允许偏差　　表 1-B.5-7

检 查 项 目			允许偏差(mm)
受力钢筋间距	两排以上排距		±5
	同排	梁、板、拱肋	±10
		基础、锚碇、墩台、柱	±20
	灌注桩		±20
箍筋、横向水平钢筋、螺旋筋间距			0,−20
钢筋骨架尺寸	长		±10
	宽、高或直径		±5
弯起钢筋位置			±20
保护层厚度	柱、梁、拱肋		±5
	基础、锚碇、墩台		±10
	板		±3

B.5.4　桥梁混凝土工程

混凝土质量标准要求如下:

(1)混凝土强度应以标准条件下养护 28d 龄期试件的抗压强度作为评定质量的依据。

(2)当混凝土强度按试件强度进行评定达不到合格条件时,可采用钻取试样或以无损检测法查明结构实际混凝土的抗压强度和浇筑质量,如仍有不合格,应由有关单位共同研究处理。

(3)结构混凝土表面应密实平整,如有蜂窝、麻面,其面积应不超过结构同侧面积的 0.5%;如有裂缝,其宽度不得大于设计规范的有关规定;预制桩桩顶、桩尖等重要部位应无掉边或蜂窝、麻面;小型构件无翘曲现象。对于以上缺陷,应凿除松弱层,用钢丝刷清理干净,用压力水冲洗、湿润,再用较高强度的水泥砂浆或混凝土填塞捣实,覆盖养护。

预制梁、板和简支梁、板的允许偏差见表 1-B.5-8、表 1-B.5-9。

预制梁、板的允许偏差　　表 1-B.5-8

检 查 项 目		规定值或允许偏差(mm)
梁(板)长度		+5，-10
宽度	干接缝(梁翼缘、板)	±10
	湿接缝(梁翼缘、板)	±20
	箱梁顶宽	±30
	腹板或梁肋	+10,0
高度	梁、板	±5
	箱梁	+0，-5
跨径(支座中心至支座中心)		±20
支座平面平整度		2
平整度		5
横系梁及预埋件位置		5

简支梁、板安装允许偏差　　表 1-B.5-9

检 查 项 目	允许偏差	
支座中心偏位(mm)	梁	5
	板	10
竖直度(%)	1.2	
梁、板顶面纵向高程(mm)	+8，-5	

B.5.5 其他工程(表 1-B.5-10、表 1-B.5-11)

支座安装规定值或允许偏差　　表 1-B.5-10

检 查 项 目		规定值或允许偏差
支座中心与主梁中线(mm)		应重合，最大偏差 <2
高程		符合设计要求
支座四角高差(mm)	承压力≤5 000kN	<1
	承压力 >5 000kN	<2
支座上下各部位纵轴线		必须对正
活动支座	顺桥向最大位移(mm)	±250
	双向活动支座横桥向最大位移(mm)	±25
	横轴线错位距离(mm)	根据安装时的温度与年平均最高、最低温差计算确定
	支座上下挡块最大偏差的交叉角	必须平行，最大交叉角 <5°

伸缩缝安装允许偏差　　表1-B.5-11

项　　目		允 许 偏 差
缝宽		符合设计要求
与桥面高差		2
纵坡	大型	±0.2%
	一般	±0.3%
横向平整度		用3m直尺,不大于3mm

附录 C　涵洞施工

C.1　涵洞的基础知识

涵洞是公路与沟渠相交的地方使水从路下流过的通道，由洞身和洞口建筑组成。作用与桥相同，但一般孔径较小，形状有管形、箱形及拱形等。此外，涵洞还是一种洞穴式水利设施，有闸门以调节水量。

洞身是涵洞的主体部分，承受活载压力和土压力等，并将其传递给地基基础。它应该具有保证设计流量通过的必要孔径，同时要求本身坚固而耐用。

洞口建筑连接着洞身和路基边坡，应该与洞身较好地衔接并形成良好的宣泄水流的条件。位于涵洞上游的洞口称为进水口，位于涵洞下游的洞口称为出水口。

C.1.1　主要类型

（1）管涵（圆管涵）

圆管涵由洞身及洞口两部分组成（图 1-C.1-1）。洞身是过水孔道的主体，主要由管身、基础、接缝组成；洞口是洞身、路基和水流三者的连接部位，主要有八字墙和一字墙两种洞口形式。其特点为受力性能和适应基础的性能较好，不需要墩台，圬工数量少，造价较低，适用于有足够填土高度的小跨径暗涵。

（2）盖板涵

盖板涵是涵洞的一种形式，它受力明确，构造简单，施工方便。主要由盖板、涵台及基础等部分组成（图 1-C.1-2）。构造简单，维修容易，有利于在低填土路基上设置，且能做成明涵。跨径较小时用石盖板涵，跨径较大时用钢筋混凝土盖板。

图 1-C.1-1　管涵

图 1-C.1-2　盖板涵

(3)拱涵

拱涵是指洞身顶部呈拱形的涵洞。主要由拱圈、护拱、涵台、基础、铺底、沉降缝及排水设施组成(图 1-C.1-3)。其特点为承载能力大,砌筑技术易掌握,但自重引起的恒载也较大,施工工序多,适用于跨越深沟或高路堤。

(4)箱涵

箱涵主要由钢筋混凝土涵身、翼墙、基础、变形缝等组成(图 1-C.1-4)。箱涵不是盖板明渠,箱涵的盖板及涵身、基础是用钢筋混凝土浇筑起来的一个整体,可用来排水、过人及车辆通过。其特点为整体性好,自重小,但施工困难,用钢量大,造价较高,适用于软土地基。

图 1-C.1-3　拱涵

图 1-C.1-4　箱涵

(5)压力式涵洞

压力式涵洞其入口处水深大于洞口高度,在涵洞全长的范围内都充满水流,无自由水面。适用于深沟和高路堤。

(6)倒虹吸管

倒虹吸管其路线两侧的水深都大于涵洞进出水口高度,水流充满整个涵身,且进出水口必须设置竖井。适用于横穿沟渠的水面高程基本等于或略高于路基顶面高程。

C.1.2　组成

涵洞是设于路基下的排水孔道,通常由洞身、洞口建筑两大部分组成。

(1)洞身

洞身形成过水孔道的主体,它应具有保证设计流量通过的必要孔径,同时又要求本身坚固而稳定。洞身的作用:一方面保证水流通过;另一方面也直接承受荷载压力和填土压力,并将其传递给地基。洞身通常由承重结构(如拱圈、盖板等)、涵台、基础以及防水层、伸缩缝等部分组成。钢筋混凝土箱涵及圆管涵为封闭结构,涵台、盖板、基础连成整体,其涵身断面由箱节或管节组成,为了便于排水,涵洞的涵身还应有适当的纵坡,其最小坡度为 0.3%。

(2)洞口建筑

洞口是洞身、路基、河道三者的连接构造物。洞口建筑由进水口、出水口和沟床加固三部分组成。洞口的作用:一方面使涵洞与河道顺接,使水流进出顺畅;另一方面确保路基边坡稳定，使之免受水流冲刷。沟床加固包括进出口调治构造物，减冲、防冲设施等。

C.2　涵洞施工工序及要点

C.2.1　盖板涵施工工序及要点

（1）施工准备

①熟悉、审核图纸，了解农田灌溉等现场情况。

②检查现场配备的人员、设备、材料是否到场，并满足施工的要求。

（2）测量、放样

（3）基坑开挖

①基坑采用挖掘机或人工开挖，预留20cm左右人工清底和整修基坑尺寸。

②基坑应保持良好的排水，在基坑外深挖集水井以利基础底面排水彻底，降低水位并防止渗流。

（4）基础及涵身砌筑

一般采用块、片石浆砌，使用砂浆一般为M7.5或M10级。

①砌块在使用前先浇水湿润，表面如有泥土、水锈，需清洗干净。

②当基底为岩层时，砌筑前先将基底冲洗干净后铺上座灰再砌石块，当基底为土质，可直接座浆砌筑。

③施工时先将大块石料砌筑于下层，向下逐渐选用较小石料。

④填腹时，先铺砂浆，再将石块放入挤紧，不满部分再分层插入灰浆。

⑤砌体完成后，要及时进行墙体清理，使用M10号砂浆进行勾缝。

⑥当砌体强度达到设计的70%时，涵顶可立模浇筑C25素混凝土进行压顶施工。

（5）沉降缝的设置

涵洞沿洞身长度方向应设置沉降缝，以防不均匀沉降，设置的要求如下：

①沉降缝应贯穿整个断面（包括基础），缝宽约1cm。

②地基土质发生变化、基础埋设深度不同或基础地基压力发生较大变化及基础填挖交界处，均应设置沉降缝。

③置于均匀岩石地基上的涵洞，可不设置沉降缝。

（6）盖板安装

安装前，盖板、涵台、墩及支承面检验必须合格。盖板安装时与墙身必须密合，盖板就位后，板与支承面须密合。板间接缝填充材料的规格和强度符合设计要求，填缝应平整密实，并与沉降缝吻合。

（7）盖板预制

（8）涵背回填

当涵洞砌体砂浆或混凝土强度达到设计强度的75%时进行涵背回填，回填时从涵洞涵身两侧不小于两倍孔径范围内同时采用水平分层、对称地按照设计要求的压实度进行填筑、压实，松铺层不超过20cm，用小型振动压路机结合冲击式打夯机进行压实。

(9)锥、护坡

石料的质量和规格应符合规定,砂浆所用的水泥、砂、石、水的质量和规格必须符合有关技术规范的要求,按规定的配合比施工。锥、护坡基础埋置深度及地基承载力应符合设计要求。砌体应咬扣紧密,嵌缝饱满密实。

(10)铺装层施工

①为使现浇铺装层与板结合成整体,预制盖板时应对其进行拉毛处理。

②浇筑前要用清水冲洗板顶,不能留有灰尘、油渍、污渍等,并使板顶充分湿润。

③制作钢筋网,用混凝土垫块将钢筋网垫起。

④铺装层施工结束后,要及时养生,等混凝土强度形成后,方能开放交通或铺筑上层沥青混凝土。

C.2.2　圆管涵施工工序及要点

(1)施工准备

①熟悉图纸,了解结构物所在的地形、地貌、农田排灌等现场情况。

②检查现场配备的人员、设备、材料是否到场,并满足施工的要求。

③钢筋混凝土涵管尽量选择购买的方式,要求出具出厂合格证,管节端面应平整并与其轴线垂直,管壁内外侧表面应平顺圆滑,不得露筋。

(2)测量放样及基坑开挖

①核对涵洞纵横轴线是否与设计图相符,并与地方水利部门联系,确认涵底高程及流向。施工中应注意涵洞长度、涵底高程的正确性。

②基坑开挖必须按设计图纸要求放样施工,确定中轴线、平面尺寸、基底高程。

③基坑采用挖掘机或人工开挖,开挖至设计高程 +20cm 处时,然后人工挖除剩余20cm 土,以免机械扰动基底土。

④基坑开挖后应检测地基承载力,符合设计要求并经隐蔽检查签认后进入下一步工序。

⑤基坑应保持良好的排水,在基坑外深挖集水井以利基础底面排水彻底,降低水位并防止渗流。

(3)基础浇筑

①垫层基础在砂砾、卵石、碎石或沙土地基上,可采用砂砾石做垫层基础;在岩石地基上,可不做基础,仅在圆管下铺一层混凝土,其厚度为5cm。

②混凝土基础一般用于土质较弱的地基上,基础厚度为20cm,混凝土强度等级为C15,基础顶面用C15 混凝土作成八字斜面,使管身和基础成一体。

③基础完成后,要求对基础的几何尺寸以及中线偏位进行复核,对基础的高程进行控制。

(4)管节安装

①铺砂砾垫层、压实,浇底板混凝土后,经检查合格后进行管节安装。

②管节安装前,要认真检查涵管质量,不允许有裂缝、缺角、麻面、露筋等缺陷,将装卸

过程中损坏的管节清理出现场。

③检查内壁是否齐平,基础沉降缝是否与管节接口位于同一垂直面上。

④检查接缝宽度,应不大于20mm。检查嵌缝材料是否填实,禁止用加大接缝宽度来满足涵洞长度及适应基础沉降缝,并对缝口的外观质量进行检查。

⑤管节拼接。待基础混凝土强度达到75%以上时,开始安装管节,管节由下游往上游安装,每节涵管应紧贴于基座上,在铺设过程中,应保持管内清洁无脏物,径向成直线。

⑥管节的装卸及安装用吊具进行,不允许用滚板或斜板卸管。

(5)接缝处理

①管节的防水处理。管节外表面涂0号沥青防水层(厚度大于1mm),接头处为三油两布,密封不漏水。采用管箍接头的管节,管节与管箍之间用沥青麻絮塞紧,麻絮用沥青浸透后,用钢锲将浸透的麻絮塞紧使之不渗水。

②管壁内侧接缝用1:2的水泥浆勾缝,勾缝前将勾缝处的管壁凿毛、清洗,确保勾缝牢固,沉降缝用沥青麻絮填塞保证不渗水。

(6)端墙浇筑及洞口铺砌

①检查模板是否符合要求,对模板质量、平整度以及拼装后的效果进行检查,不合格不允许使用。

②振捣时振捣器严禁碰撞模板、钢筋,不可漏振或过振。

③浇筑过程施工单位必须有专业人员现场检查,发现问题及时处理。

④锥形护坡洞口采用M7.5号浆砌片石进行砌筑。

(7)涵背回填

①回填应在排干积水的情况下作业,靠路基的坡度应当挖成台阶。

②填土应在洞身两侧同时回填,遵照两边对称原则,做到在基本相同的高程上进行,防止不均匀回填造成对构造物的损坏,压实度应满足设计要求。

③回填应分层填筑,采用小型压路机和冲击式打夯机进行压实。一般控制在每层填厚不大于10~15cm,分层填筑应尽量保证摊铺厚度均匀平顺。在雨季回填时,填筑面应做成3%~4%的坡度,以利于排水。

④回填高度要按设计图规定施工,顶部回填土高度必须大于50cm时方可放行车辆,车辆通过圆管涵时要放慢速度,避免压坏圆管。

⑤用于回填的全部材料要能被充分压实,具备良好的透水性,且不含有草根、腐植物或冻土块等杂物。

⑥每层回填都要做压实度检验,压实度检验记录必须和填筑高度相等。

C.2.3　涵洞洞口施工要点

(1)洞口是涵洞洞身与沟槽、路基连接并集散水流的构造物。由于一般设计的深度都不够,施工时应根据设计图,结合进出洞口的沟槽实际条件灵活处理,决不能照搬。

(2)农村公路桥涵洞洞口一般多为干砌片石结构,施工时应按砌体工程施工技术和质量要求执行。

(3)洞口八字墙背的回填应在砂浆强度达到设计强度 75% 时方可进行,按水平分层(一般 30 ~ 50cm)夯填。

(4)涵洞两端沟槽可按下述要求处理:①平原区的处理工程:涵洞出入口的沟床应整理顺直,与上、下排水系统(截水沟、路基边沟、排水沟、取土坑等)的连接应圆顺、稳固,保证流水顺畅,避免排水损害路堤、村舍、农田、道路灯。②山丘区的处理工程:在山丘区的涵洞底纵坡超过 5% 时,还应对沟床进行干砌或浆砌片石防护。翼墙以外的沟床当坡度较大时,也应铺砌防护。

C.3　其他小型排水结构

小型排水构造物,是指汇水面积小、排水流量小、工程数量较小的人工构造物,主要包括小桥、涵洞、过水路面、透水路堤、倒虹吸涵洞、渡槽等。

C.3.1　漫水桥(过水桥)

漫水桥指洪水期容许桥面漫水、短期淹没的桥梁(图 1-C.3-1)。适用情况:

(1)不发展的冲积扇漫流区;

(2)河床宽而浅的河流;

(3)主槽很窄但两岸漫水较宽的河流及其他淹没区;

(4)公路容许有限度中断交通的三、四级公路。

漫水桥孔径及高程按容许中断交通时间计算决定。

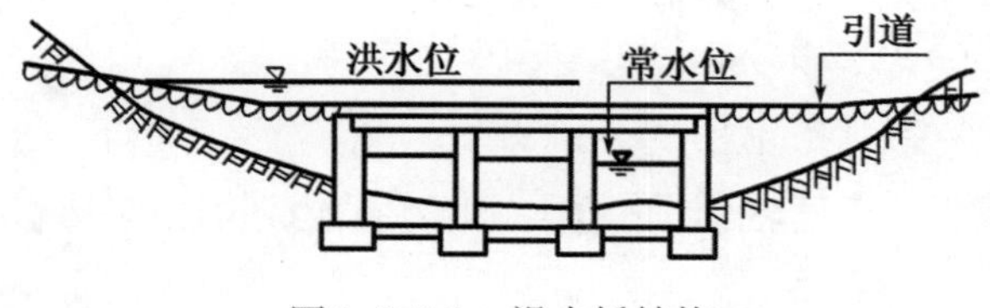

图 1-C.3-1　漫水桥结构

C.3.2　过水路面

过水路面指用加固路面、路肩及路基边坡的方式,允许洪水期从路面上流过的排水构造物(图 1-C.3-2)。

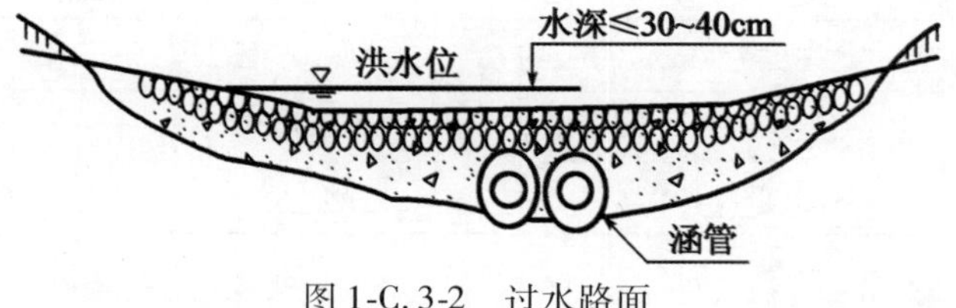

图 1-C.3-2　过水路面

特点:建筑高度小,造价低,用料省。

适用情况:流速较小、无底砂运动或底砂运动轻微,并且公路容许有限度中断交通的三、四级公路,常用于宽阔漫流地区的河流。

C.3.3　透水路堤

透水路堤是一种用块石、片石干砌成路堤，利用石块间孔隙排水的构造物。

特点：排水量少，费用低。

适用情况：在流量小、水流含沙量少的低等级公路上采用。

分类：石砌透水路堤，带涵管的透水路堤（图1-C.3-3）。

C.3.4　渡槽

渡槽指当横跨公路的沟渠被公路截断，又不能改移，且沟渠不足以保证形成净空高度时，在公路上空架设的横向排水构造物。主要用于农田灌溉排水，很少用于排洪。渡槽结构形式见图1-C.3-4。

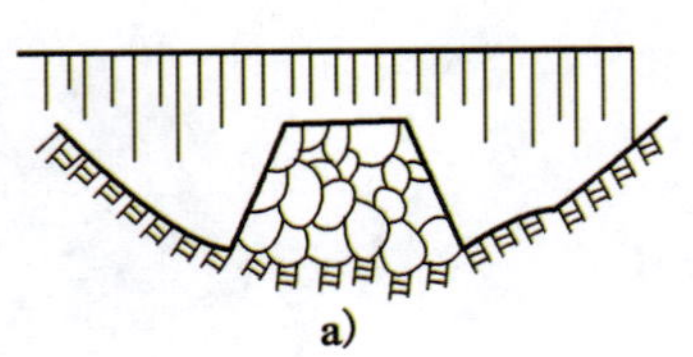

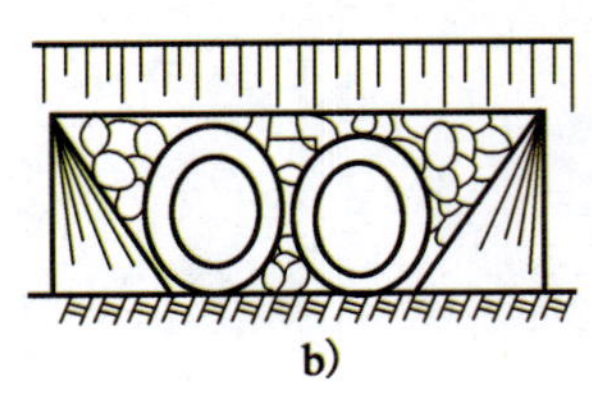

图1-C.3-3　透水路堤

a）石砌透水路堤；b）带涵管透水路堤

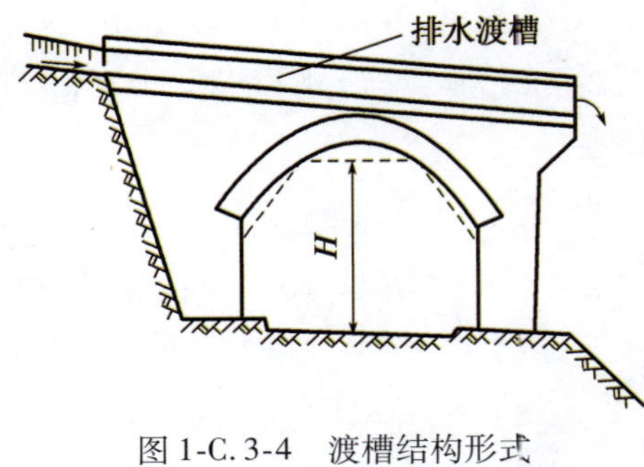

图1-C.3-4　渡槽结构形式

H-行车净空高度

C.4　质量控制与检测

C.4.1　圆管成品质量控制与检测

（1）管节端面应平整并与其轴线垂直。斜交管涵进出水口管节的外端面，应按斜交角度进行处理。

（2）管节各部尺寸不得超过表1-C.4-1规定的允许偏差。

（3）管节混凝土强度应符合设计要求。

（4）管节外壁必须注明适用的管顶填土高度，相同的管节应堆置在一起，以便于取用，防止弄错。

钢筋混凝土圆管成品允许偏差　　表1-C.4-1

项　目	允许偏差（mm）	项　目	允许偏差
管节长度	0～10	管壁厚度	-3，正值不限
内（外）直径	不小于设计值	顺直度	矢度不大于0.2%

C.4.2　管涵质量控制与检测

（1）各部尺寸允许偏差参见表1-C.4-2。

（2）管身顺直，进出水平整，无阻水现象。

(3)帽石及一字墙或八字墙平直,无翘曲现象。

管座及涵管安装实测项目　　　　表1-C.4-2

项　次	检 查 项2 目		规定值或允许偏差	检查方法和频率
1	管座或垫层混凝土强度		在合格标准内	—
2	管座或垫层宽度、厚度		≥设计值	尺量,抽查3个断面
3	相邻管节底面错台(mm)	管径≤1m	3	尺量,检查3~5个接头
		管径>1m	5	

C.4.3　盖板涵、拱涵质量控制与检测

(1)各部尺寸允许偏差参见表1-C.4-3和表1-C.4-4。

(2)涵身顺直,涵底铺砌紧密平整,拱圈圆滑。

(3)进出水口与上下游沟槽连接圆顺,流水畅通。

拱涵浇(砌)筑实测项目　　　　表1-C.4-3

项次	检 查 项 目		规定值或允许偏差	检查方法和频率
1	混凝土或砂浆强度		在合格标准内	—
2	拱圈厚度(mm)	砌体	±20	尺量:检查拱顶、拱脚3处
		混凝土	±15	
3	内弧线偏离设计弧线(mm)		±20	样板:检查拱顶、1/4跨3处

盖板涵制作与安装实测项目　　　　表1-C.4-4

	项次	检查项目		规定值或允许偏差	检查方法和频率
制作	1	混凝土强度(MPa)		在合格标准内	—
	2	高度(mm)	明涵	+10,-0	尺量:抽查30%的板,每板检查3个断面
			暗涵	不小于设计值	
	3	宽度(mm)	现浇	±20	
			预制	±10	
	4	长度(mm)		+20,-10	尺查:抽查30%的板,每板检查两侧
安装	1	支承面中心偏位(mm)		10	尺量:每孔抽查4~6个
	2	相邻板最大高差(mm)		10	尺量:抽查20%

附录 D　石拱桥施工

D.1　石拱桥的基本知识

D.1.1　名词术语

(1)拱式桥

拱式桥指主要承重构件为拱圈或拱肋的桥梁。其特点是结构在竖向荷载作用下,两拱脚处不仅产生竖向反力,还产生水平力(推力),由于水平推力的作用使拱中的弯矩和剪力大大地降低。设计合理的拱主要承受拱轴压力,拱截面内弯矩和剪力均较小,因此可充分利用石料或混凝土等抗压能力强而抗拉能力差的圬工材料。拱式桥是推力结构,其墩台、基础必须承受强大的拱脚推力。因此拱式桥对地基要求很高,适建于地质和地基条件良好的桥址。如图 1-D. 1-1 所示为赵州桥。

图 1-D. 1-1　赵州桥

(2)实腹式拱桥

实腹式拱桥指拱上建筑做成实体结构的拱桥。通常在拱圈上的两侧设侧墙,桥腹中填砂石或轻质填料,再于其上建造桥面系。这种桥构造简单,施工方便,但自重较大,多用于中、小跨径拱桥。

(3)空腹式拱

空腹式拱指拱上建筑由腹拱墩—腹拱圈、梁—柱或刚架及其支撑的桥面系构成的拱桥,空腹拱桥轻巧、节省材料、外形美观,还有助于泄洪,适用于大跨度拱桥,但施工较复杂。如图 1-D. 1-2 所示为空腹式石拱桥云南长虹桥。

(4)板拱桥

板拱桥指拱圈截面的宽度远大于高度面,是矩形板状的拱桥。板拱桥构造简单,施工方便,常用于石拱桥、混凝土拱桥和钢筋混凝土拱桥。

(5)肋拱桥

肋拱桥指由两条以上分离式拱肋组成承重结构的拱桥。拱肋之间设横系梁连接成整体而共同受力。常适用于建造大跨径的钢筋混凝土拱桥和钢管混凝土拱桥。如图 1-D.1-3 所示是主拱肋为工字形双肋的临沂埠东桥。

图 1-D.1-2　空腹式石拱桥云南长虹桥

图 1-D.1-3　主拱肋为工字形双肋的临沂埠东桥

(6)拱脚

拱脚指拱圈与墩台连接处的拱圈横截面,又称拱趾。

(7)拱顶

拱顶指拱圈的顶点,又称拱冠。

(8)拱上侧墙

拱上侧墙指实腹式拱桥拱上顺桥向两侧的边墙。

(9)护拱

护拱指在拱桥中为加强拱圈的拱脚段而用块石、片石砌筑的扩大部分。

(10)预拱度

预拱度指为抵消梁、拱、桁架等构件在自重、荷载作用下产生的挠度,施工时预留的与荷载挠度方向相反的校正值。

D.1.2　石拱桥的特点

在我国,拱桥是一种使用广泛、历史悠久、深受人们喜爱的桥型。早期的拱桥采用圬工材料(石料、混凝土、砖等)来修建,称为圬工拱桥;现在的大中跨径拱桥一般利用钢、钢筋混凝土等材料来修建,称为钢拱或钢筋混凝土拱桥。

拱桥的主要优点如下:

(1)是一种弯压构件。和桥梁相比跨中弯矩大大减小,因此跨越能力较大。

(2)能充分做到就地取材。与钢桥和钢筋混凝土梁式桥相比,可以节省大量的钢材和水泥。

(3)耐久性好,而且养护、维修费用少。

(4)曲线造型,外形美观。

(5)构造较简单,尤其是圬工拱桥,技术容易被掌握,有利于广泛采用。

拱桥的主要缺点如下:

(1)自重大,相应的水平推力也较大,因此增加了下部结构的工程量。

(2)由于拱桥水平推力较大,在连续多孔的大、中桥梁中,为防止一孔破坏而影响全桥的安全,需要采取特殊的措施,或设置单向推力墩,因此增加了造价。

(3)圬工拱桥施工需要劳动力较多,建桥时间较长等。因此,也使拱桥的使用范围受到一定的限制。

拱桥虽然存在这些缺点,但是由于它的优点突出,只要在条件许可的情况下,修建拱桥往往是经济合理的。

D.1.3　石拱桥的类型及其基本组成

(1)石拱桥的类型。石拱桥按其构造不同可分为实腹式和空腹式,空腹式石拱桥适用于较大跨径的桥梁。

(2)石拱桥的基本组成。石拱桥主要由桥台基础、桥台(台身)、拱圈、侧墙、护拱、桥面系、锥坡等部分组成。

D.2　石拱桥施工工序

石拱桥施工的主要工序步骤:施工准备→基坑开挖→基础及墩台施工→拱架施工→拱圈施工→拱桥上部施工→拱架拆卸。

D.2.1　施工准备

施工准备是拱桥施工前必不可少的工作,包括熟悉图纸、桥位放线、场地清理和材料准备工作。熟悉图纸应着重了解设计载重、净空、跨径和结构的主要尺寸,还要掌握设计和施工的要点及要求,认真领会设计的意图和关键技术。施工前还必须准确定出桥位位置,用木桩实地准确标示出来,这一工作称为桥位放线。中线桩钉设后,应在桥头两端不受施工破坏、视线条件好的位置,设置固定桩,每岸不少于两个桩,作为施工全过程控制桥位和施工各部位放线用。

D.2.2　基坑开挖

基坑开挖的一般程序:基坑放线→改河及排水→基坑开挖及坑壁加固→基底清理。

(1)基坑放线是确定基坑开挖范围的工作。其方法是,先根据基底平面尺寸,考虑基坑开挖要求的宽度,以及由基坑土质确定的坑壁坡度计算出基坑开挖的长度和宽度。再根据桥墩、台中心桩和轴线,用皮尺和花杆放线,即可确定基坑开挖的边线。

(2)改河及排水是确保基坑施工的重要工序。通常基坑开挖选择在枯水季节施工。改河排水常采用以下两种方法:当河沟水流较小时,可将河沟或渠道位置适当改移,先在干涸的河道上施工架桥,待桥梁建成后,再改移河道将水流接通;当河面较宽,水流较大时，可考虑用土坝或草袋围堰，构筑成导流堤，把水导向河沟一侧，基坑施工后，再改移导流堤施工另一侧基坑。

(3)基坑开挖及坑壁加固是同时交叉作业的两个工序。当坑壁土质较好，渗水较少时，可采取无支撑施工。为确保安全，当坑深大于5m时，坑壁上应设有0.5～1m的护坡道。

(4)基底清理是挖基的最后一道工序。基坑挖至设计高度后，如系岩石基底，应将表面风化层除去，冲洗干净，并将表面凿毛；如系土质基底，应经基底承载力检测，符合设计要求后方可进行下一道工序。

D.2.3　基础及墩台

基坑开挖后即可进行基础及墩台的砌筑，其工序主要有：①基底检平及检验；②基础放线；③基础砌筑；④墩台砌筑；⑤养护；⑥勾缝。

D.2.4　拱架

拱架是支撑拱圈砌筑的临时构造物，对于确保拱圈形状以及施工安全十分重要，拱架有木拱架、钢拱架和土牛拱胎。

木拱架施工按如下工序进行：①拱架放样；②拱架制作；③河床清理；④支架基础处理；⑤支架安装；⑥卸架设备安装；⑦拱架安装；⑧拱架拆卸。

D.2.5　拱圈及上部构造施工工序

拱圈是拱桥的主要受力部分，其施工应严格按照施工技术程序进行。施工工序：

①拱圈放线；②拱圈砌筑；③侧墙砌筑；④护拱砌筑；⑤拱上防排水施工；⑥回填；⑦桥面施工。

D.3　石拱桥施工工艺(图1-D.3-1)

D.3.1　基础及墩台施工

(1)基础放线。首先在清理好的基底上放线，确定好墩台基础的准确平面位置。为了准确标示基础平面位置，可在坑上设置放样架。施工中应检查放样架位置的准确性。

(2)跨径与轴线的校核。除按放样架用垂球挂线控制墩台砌筑位置外，砌筑过程中还应用钢尺经常校核正跨径、斜跨径及中轴线位置的尺寸，以确保砌筑过程中墩台位置不发生位移。每砌筑3～5层石料后应进行高程校验。

(3)砌筑定位。根据施工测量定出的墩台中心线，放出砌筑墩台的轮廓线，并根据墩台的轮廓线进行砌筑。砌筑过程中石料的定位可采用垂线法和瞄准法进行。

D.3.2　砌筑方法

1)常用砌筑方法

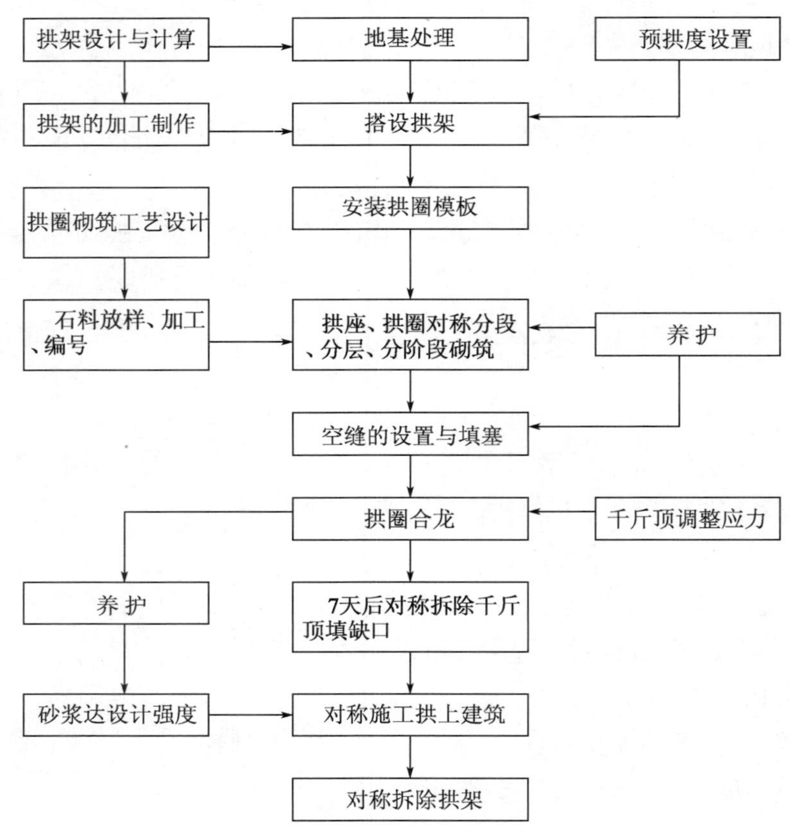

图 1-D. 3-1　石拱桥施工工艺流程图

(1)浆砌片石。

①灌浆法:砌筑时先分层铺放片石,每层高度 15 ~ 20cm,空隙应以碎石填充,灌以流动性较大的砂浆,边灌边撬,一般用于机砌或大面积的砌筑。

②铺浆法:先铺一层座灰,把石片铺上,每层高度一般不应超过 40cm,并选择厚度合适的石块,用作砌平整理,空隙处先填满较稠的砂浆,再用适当的小石块卡紧填实,然后再铺上座灰以同样方法继续铺砌上层石块,用于墩台身砌筑。

③挤浆法:先铺一层座灰,再将片石铺上,经左右轻轻揉动几下,再用手锤轻击石块,将灰缝砂浆挤压密实。分层高度宜在 70 ~ 120cm 之间,分层与分层间的砌缝应大致砌成水平,用于墩台身砌筑。

(2)浆砌块石一般采用铺浆法和挤浆法。砌体应分层平砌,上下层竖缝应尽量错开,错缝距离应不小于 8cm,分层厚度一般不小于 20cm。对于厚大砌体,如不易按石料厚度砌成水平层时,可设法搭配。

(3)浆砌粗料石砌筑前应按石料及灰缝厚度,预先计算层数,使其符合砌体竖向尺寸。石块上下和两侧修凿面都应和石料表面垂直,同一层石块和灰缝宽度应取一致。

2)砌筑工艺要点

石拱桥的基础及墩台由浆砌块和片石构成,其施工要点可归纳为“五个掌握好”。

(1)掌握好砌筑顺序。砌筑时应大致按水平面分层自下而上进行,每层应从四周向中间方向砌筑，并注意外露面的平整美观。

(2)掌握好砌体表面坡度。砌筑过程中应根据已立好的样架经常挂线检查，逐层校对，确保墩台的设计坡度和表面的平整。

(3)掌握好桥台转角、桥墩圆头的砌筑。用于桥台转角和桥墩圆头的石料应挑选上下面大致平行、形状大致为方形的石料，并应进行上钻加工，桥台转角石(又叫角子石)应按桥台总高度和石料尺寸，基本确定每一层砌筑的高度，合理配料，以便控制砌筑总高度的尺寸。

(4)掌握好施工砌缝工艺。砌缝应形成不规则的"花缝"，上下左右应错开，避免竖缝上下垂直贯通。

(5)掌握好拱脚的砌筑工艺。拱脚是承受拱圈推力的重要部分，砌筑要领包括严格控制设计高度，正确安砌五角石，掌握控制拱斜面，严禁砌缝呈水平。

D.3.3　拱架施工

1)拱架放样

主要是制作拱架前，对拱腹线按实际大小尺寸放出大样，作为拱架制作控制外形的依据。放样可采用坐标法，也可直接用细钢丝按实际半径画圆放样。

2)拱架的制作与安装

拱架是支撑拱圈施工的临时性构造物，拱圈的结构和牢固性，直接影响拱圈的尺寸及施工安全，拱架的制作和安装是石拱桥施工的重要环节。农村公路中常采用木拱架和土牛拱胎两类。

(1)木拱架：木拱架通常由拱架和支架两部分组成。支架按照支承方式不同又有立柱式和撑架式之分，如图1-D.3-2、图1-D.3-3所示。拱架尺寸和形状要符合设计要求，立柱位置准确且保持直立，各杆件连接接头要紧密，支架基础牢固。

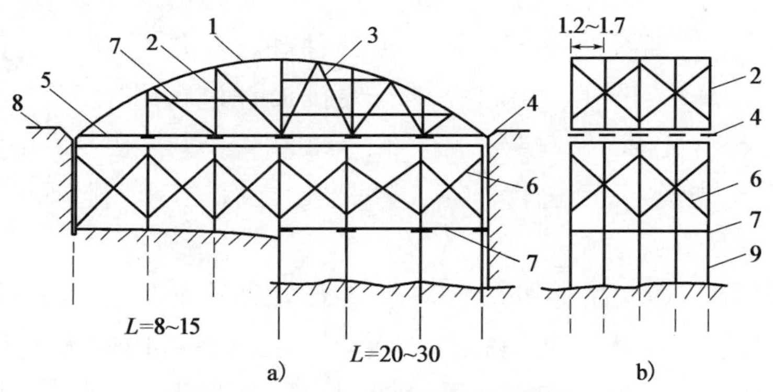

图1-D.3-2　立柱式木拱架(尺寸单位：m)

1-弓形木；2-立柱；3-斜撑；4-卸架设备；5-水平拉杆；6-斜夹木；7-水平夹木；8-桥墩(台)；9-桩木

(2)土牛拱胎：即先在桥下用土或砂、卵石填筑一个"土胎"，然后在上面砌筑拱圈，砌成之后再将填土清除即可。土牛拱胎是一种因地制宜、就地取材、简单经济的代替木拱架的简便方法，可节省木材，且安全可靠，用于单孔小跨径的石拱桥施工。制作时应有排水设施，土石应分层夯实，密实度不得小于90%，拱顶部分选用含水量适宜的黏土。土牛拱胎的尺寸、高程应符合设计要求。

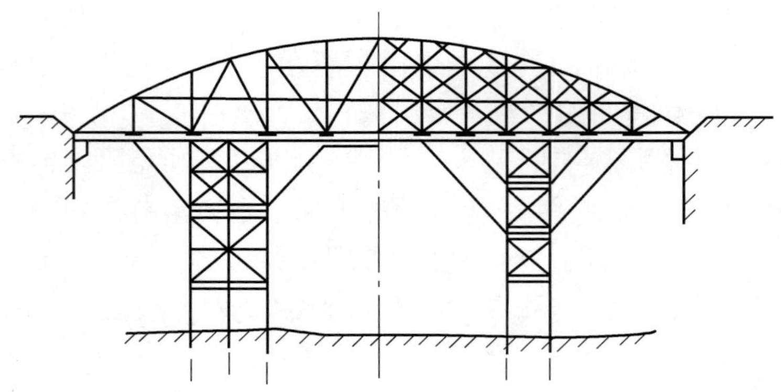

图 1-D.3-3　撑架式木拱架

3）拱架基础处理

（1）当河床岩层露面或表土较薄时，一般应挖去表土，按支架立柱位置，在岩石上凿 40～50cm 直径圆洞，将立柱埋入洞中，并用混凝土或石块嵌固即可。

（2）当河床土为较密实的砂夹砾石时，应先排水，将地基检平，夯实后，在其上干砌或浆砌两层石料，上置垫木（又叫卧木），再在垫木上支立柱。

（3）当河床土质松软，一般采用木质桩基础，将木桩按梅花形布置，打入河床中，一般深度不小于 2.5m，桩径不小于 12cm。

D.3.4　拱圈施工

1）施工前的准备工作

拱圈砌筑前，要做的准备工作有：

（1）砌筑时常用工具的准备。由于拱圈需捣实灰缝和填塞空隙，除使用一般的砌筑工具外，还需增加长插片、长插刀、挡灰板、长插针、撬棍、木夯、木锤等工具。

（2）拱石的清理、编号、排列。粗料石拱石要按设计进行纸上配料，再经过实地放样制出样板，然后按样板开出拱石。拱圈一般不等厚，拱石型号很多，每号拱石又常有上、中、下之分，因此，运至现场后，需进行清点，并编号使之有顺序地排列，用铅油将编号标在石面上。

（3）石料的清凿和检查。粗料石拱石均应在安放砌筑前用样板套过，一般可比样板稍小，但偏心不应超过 5mm，并不得有扭曲情况。一般拱石可用样板正套或反套，但镶面石的外漏部分必须有一半正套，一半反套。除镶面石及两侧接砌边墙部分的拱石的拱背必须修凿整齐外，其余拱石的拱背部分，厚度符合要求即可，即可以保持原来的粗糙面，不加清凿。

（4）在拱模上摊放拱石及灰缝大样。拱圈安砌前在拱模上将每层拱石，包括灰缝的位置用墨线画在模板上，以防拱圈合龙封顶时封顶石放不下去或灰缝过大。放线时，可在桥上游和下游顺拱圈模板量出两端起拱线间的长度，然后中分定出实际拱顶线，因拱架有预留高度，所以实际长度比计算稍大，其差数平均摊入各灰缝内。长度量出后，即可从实际拱顶线向两边按每排拱石尺寸和灰缝宽度画出各排拱石线，并将拱石的层次、号数用红铅油写明。

（5）注意立缝的控制。拱圈的立缝须成辐射形，从圆心放射出的辐射线应一致，因此每块拱石均呈上大下小的形状。为掌握砌缝的正确位置和方向，砌筑时须用三角形辐射尺控制。各种跨径和弧形的三角尺形状不相同，在同一拱圈内，拱弧也可能不同。因此，三角辐射尺上应注明所适用的拱形和排号，不能用错。

（6）砌筑时注意错缝的规定。粗料石拱石排与排间石块在底面上错缝须错开 10cm 以上。拱圈较厚时每排拱石可能有数层石块，此种情况下，排与排相邻层砌缝也要错开 10cm 以上。

2）拱圈的砌筑

修建拱圈，最为重要的是要保证在整个施工过程中拱架受力均匀，变形最小，使拱圈的质量符合实际要求，为此，必须选择适当的砌筑方法。施工方法的选择一般根据跨径大小、构造形式等分别采用。

（1）一次砌筑法：跨径在 10m 以下的拱圈，通常可按拱的全宽和全厚，由两侧拱脚同时对称地向拱顶砌筑。但应当注意，尽量争取尽可能快的速度，使在拱顶合龙时，石拱桥拱石砌缝中的砂浆尚未凝结。

（2）预压砌筑法：跨径为 10 ~ 15m 的拱圈，最好在拱脚预留缝，由拱脚向拱顶按全宽、全厚进行砌筑。为了防止拱架的拱顶部分上翘，可在拱顶区段预先压重。压重时，一般自拱脚向上砌到 1/3 矢高左右，就在拱顶 $1/3L$ 范围内预压占总数 20% 的拱石。待拱圈砌缝的砂浆达到设计强度 70% 后，再将拱圈预留空缝用砂浆填塞。

（3）分段（分环）施工法：大、中跨径的拱桥，一般采用分段施工或分环（分层）施工与分段相结合的施工方法。分段施工可使拱架变形比较均匀，并可避免拱圈的反复变形。分段的位置与拱架的受力和结构形式有关，一般应设置在拱架挠曲线有转折及拱圈弯矩比较大的地方，如拱顶、拱脚及拱架的节点处。拱顶处封拱必须在所有空缝填塞并达到设计强度后才能进行。还需注意封拱（合龙）时的大气温度是否符合设计要求，如果设计无明确要求时，应该在气温较低时（如凌晨时）进行。

（4）多孔拱圈砌筑法：当跨径大、拱圈厚度较大，由多层拱石或预制混凝土块等组成时，可将拱圈全厚分层，即分环施工。按分段施工法修建好一环合龙成拱，待砂浆或混凝土强度达到设计要求后，再浇注或砌筑上面一环。这样，第一环拱圈就能起拱的作用，参与拱架共同承受第二环拱圈结构的重力。以后各环节均按照上述工序进行。分层施工，大大减小了拱架的设计荷载，合龙快，施工安全系数高，也节省了拱架。

D.3.5　拱桥上部构造施工

拱桥上部施工，应在拱圈合龙、混凝土或砂浆达到设计强度的 30% 后才能进行。对于石拱桥，一般来说，应不少于合龙后三昼夜。拱上建筑施工，应避免使主拱圈产生过大的不均匀变形。实腹式拱上建筑，应由拱脚向拱顶对称砌筑。在侧墙砌筑好后，再填筑拱腹填料，修建桥面结构后续工程。空腹式拱桥一般是在腹拱墩砌筑完后，随即卸落拱架，之后再对称均衡地砌筑拱圈，以免使主拱圈产生不均匀下沉，导致腹拱圈开裂。在多孔连续拱桥中，当桥墩不是按施工单向受力墩设计时，仍应注意相邻孔间的对称均衡施工，避免使桥墩承受过大的单向推力。在裸拱圈上修建拱上结构的多孔连拱时，更应注意相邻孔间的对称均衡施工，以免影响拱圈的质量和安全。

D.3.6　拱架拆卸

为使拱架承受的荷载逐渐、平稳地转移给拱圈，卸架应严格按照规定的工序进行。

(1)卸架常用设备有简易木楔、木马、组合木楔、沙筒等。沙筒由顶心木和金属筒组成，卸架时将泄沙孔的塞子拔出，将筒中沙子逐步掏出，顶心木缓缓下降，拱架随之卸下。沙筒是一种应用较广且安全可靠的设备。

(2)卸架的技术要求如下：

①卸架时间。对于跨径为20m及以下的拱桥应自拱顶合龙后15～20d进行；对于跨径大于20m的拱桥应自合龙后30d进行；当温度低于15℃时应适当延长。

②多孔拱桥卸架应考虑相邻孔推力的影响，应在相邻孔拱圈合龙并达到上述时间后才能进行卸架。

③卸架不能在裸拱情况下进行，实腹式拱桥应在侧墙完工或护拱、砌筑完毕后方可卸架。

④卸架应分步进行，逐渐均匀降落，每次下降均由拱顶向拱脚对称进行、逐排完成，第一次完成后又从拱顶开始第二次下降，直至拱架与拱圈完全脱离为止。

D.4　施工质量与控制

D.4.1　材料质量控制

材料是构成桥梁的基本构件，材料质量是确保桥梁工程质量的重要条件，在拱桥施工前选择符合要求的高质量材料是拱桥质量控制的第一关。

(1)石料。砌筑石拱桥的石料应是石质均匀、不易风化、无裂缝、质地坚硬的岩石，通常多用花岗岩、砂岩、石灰岩等坚硬的岩石，这类石料用小锤敲击回弹声清脆响亮，用小刀划无刻痕或稍有刻痕。石料强度等级一般不应低于MU30，做成20m×20m×20m的试块，最大的抗压强度为30MPa。石料经加工后形成片石、块石、粗料石、拱石等块件，直接用作建桥材料。

(2)砂。用于桥梁的砂应为质地坚硬，不含有机物，用手抓着感觉颗粒粗糙，有棱角刺手，且无尘埃粘在手上的粗砂或中砂。砂的含泥量一般不应超过5%。当缺乏中、粗砂石时，在适当增加水泥用量的基础上，也可采用细砂。

(3)砂浆。砂浆是水泥、砂和水按一定比例拌和而成的混合材料，用于砌筑石料，将单个石块黏结为一个整体，形成桥梁各部实体。砂浆强度等级以M表示，分别有M20、M15、M10、M7.5、M5、M2.5六个等级，其含义为边长70.7mm的立方体砂浆试件28d后的抗压强度。常用砂浆强度等级为M10、M7.5、M5。砂浆各组成材料的比例应通过试验确定，当无试验条件时可参考经验数据，见表1-D.4-1。

常用水泥砂浆参考配合比表　　表1-D.4-1

水泥强度等级	砂浆等级	水泥(m^3)	砂(m^3)	水(m^3)
32.5	M15	405	1.05	0.3
	M10	342	1.05	0.3
	M7.5	292	1.10	0.3
	M5	226	1.10	0.3
27.5	M10	457	1.05	0.3
	M7.5	372	1.10	0.3
	M5	287	1.10	0.3

在有石灰的地区可在水泥砂浆中加入一定石灰,称为混合砂浆,配合比见表1-D.4-2。

常用混合砂浆参考配合比表　　表1-D.4-2

水泥强度等级	砂浆等级	水泥:石灰膏:砂石(体积比)
32.5	M2.5	1:0.5:12
	M5	1:0.3:6.5
	M10	1:0.1:3.6
27.5	M2.5	1:0.4:10
	M5	1:0.1:5
	M10	1:0.05:2.7

砂浆拌和要均匀,配合比用量要准确,且具有良好的和易性。拌和砂浆可用人工拌和,有条件时最好使用机械拌和,拌和时间为3~5min。拌和好的砂浆应随拌随用,一般不应超过3~4h。

D.4.2　砌体质量控制

砌体基础、墩台、各类墙体应满足砌筑工艺及质量的要求,其质量控制要求如下:

(1)所用石料砌筑前应浇水,并应冲洗干净,表面不得有泥土、水锈等污物。

(2)砌筑工艺应采用坐浆法,及先坐浆、再砌石、后灌缝的方法。由下而上、由外及里、水平分层、逐层砌筑。外层面的砌缝应预留2cm的空缝以便勾缝之用。

(3)各层砌块应安稳放平,砂浆应饱满,黏结应牢固,不得有"脱空"、"叠石"等不良现象。

(4)浆砌片石砌体应选择较为方正、尺寸较好的石块,并且长短相间,相互咬接,缝宽一般不应大于4cm,尖锐突出的块面应适当加工,竖缝较宽可塞以小石块,但不得在平缝中支垫小石片。

(5)浆砌块石砌体,石块应平砌,每层高度应大致一致。

D.4.3　拱圈质量控制

(1)拱圈石应使用挑选的片石、块石经适当加工后砌筑。经过挑选的石料,基本形状具有两个大致平行面的扁平体,在砌筑拱圈时,应将这两个大面朝向拱轴线方向,即立砌面轴;当拱石的高度不够拱圈厚度时,则由两块以上的石料组成拱厚,此时砌缝必须上下错开,错缝距离不得小于10cm,不得使平缝贯通,砌筑时只需注意将不同高度石块搭配,不要将同样高度的石料砌在一起即可,这种做法即为错缝咬马。为了使石拱圈拱腹平整,不应产生锯齿形缺口,以确保拱圈有效断面。如加工量太大,则可采用适当小片石补在缺口处,不应坐浆,勿使石面外露,表面平整,这种方法称为平角。灰浆在砌体中起黏结填缝以减少集中受力的作用,一定要插捣密实,不得出现空洞,可用坐浆挤实。在跨拱1/4处至拱顶之间,大面已近垂直,无法坐浆,只能采用插浆办法。在选择拱石时,宁高勿低。由于片石规格不一,在砌筑拱圈过程中,常因形状不合而必须临时加工敲凿,因此要注意防止振动,同时为避免砂浆因干缩过快而产生裂纹,或砂浆中的水泥被雨水冲失,要勤加养护。

(2)封拱合龙应在接近当地气温5~15℃时进行,分段砌筑时拱圈应待填塞空缝砂浆强度达到设计强度的50%后方可进行。空缝位置应正确,形状应规则。

D.4.4　质量检测

拱桥施工过程及完成后均应对各部分的尺寸、质量进行检测,看施工尺寸及质量是否符合设计文件和有关施工规范的要求,检测的数据和资料是评定工程质量和施工验收的依据。对于检测不合格的应坚决返工或纠正,以确保石拱桥交工使用后能保证行车的安全。

(1)基础及墩台的外观应顺直、平整、圆滑,勾缝平直、美观、无脱落现象。

(2)基础、墩台位置及各部分尺寸偏差规定如下。

基础:轴线偏位不大于2.5cm,平面尺寸偏差应不大于5cm,顶面高程偏差不大于3cm,土质基底高程偏差应不大于5cm。

墩台砌体:轴线偏位不大于1cm;长、宽尺寸不大于4cm,同时不小于1cm;墩台顶高程偏差不大于1cm。

(3)拱圈外观轮廓线条清晰、平顺圆滑,表面应平整,形状尺寸符合设计要求。

(4)拱圈尺寸检测允许偏差如下:拱厚不小于设计厚度,银面石相邻砌块错位不大于3mm,拱弧线与设计弧线偏差不大于2cm。

(5)桥面检测,见表1-D.4-3、表1-D.4-4。

人行道实测项目及要求　　表1-D.4-3

项　目	规定值或容许偏差	项　目	规定值或容许偏差
人行道边缘平面偏位(mm)	5	横坡(%)	±0.3
纵向高程(mm)	+10,-0	平整度(mm)	5
接缝两侧高差(mm)	2		

栏杆安装实测项目　　表 1-D.4-4

项次	检 查 项 目	规定值或允许偏差	检查方法和频率
1	栏杆平面偏位(mm)	4	经纬仪、钢尺拉线检查:每 30m 检查 1 处
2	扶手高度(mm)	±10	水准仪:抽查 20%
3	柱顶高差(mm)	4	
4	接缝两侧扶手高差(mm)	3	尺量:抽查 20%
5	竖杆或柱纵横向竖直度(mm)	4	吊垂线:抽查 20%

(6)桥梁总体检测,见表 1-D.4-5。

桥梁总体实测项目及要求　　表 1-D.4-5

项次	检 查 项 目		规定值或容许偏差
1	桥面中线偏位(mm)		20
2	桥宽(mm)	车行道	±10
		人行道	±10
3	桥长(mm)		+300,-100
4	引道中心线与桥梁中心线的衔接(mm)		20
5	桥头高程衔接(mm)		±3

附录 E　明挖扩大基础的围堰方案

E.1　土石围堰

E.1.1　围堰顶面的高程应高出施工期间可能出现的最高水位（包括浪高）0.5～0.7m。

E.1.2　围堰的外形和尺寸应考虑河流断面被压缩后，流速增大导致水流对围堰本身和河床的集中冲刷，以及对河道泄洪、通航和导流的影响等不利因素。围堰内的平面尺寸应满足基础施工作业的需要。

E.1.3　围堰的填筑应分层进行，减少渗漏，并应满足堰身强度和稳定的要求。

E.2　土围堰

E.2.1　水深 1.5m 以内，流速 0.5m/s 以内，河床土质渗水性较小且满足泄洪要求时，可筑土围堰。

E.2.2　堰顶的宽度宜根据施工需要确定，边坡的坡度应按围堰位置的不同、高度及基坑开挖深度等条件确定。

E.2.3　在筑堰之前，应将堰底河床处的树根、石块及其他杂物清除干净。筑堰材料宜采用黏性土或砂夹黏土，填筑应自上游开始至下游合龙，超出水面之后应进行夯实。堰外坡面有受水流冲刷的危险时，应采用合适的材料对其进行防护。

E.3　土袋围堰

E.3.1　水深在 3m 以内，流速在 1.5m/s 以内，河床土质渗水性较小且满足泄洪要求时，可筑土袋围堰。

E.3.2　袋内填土宜采用黏性土，装填量宜为 60%；水流流速较大时，在过水面及迎水面,袋内可装填粗砂或卵石。堆码时土袋的上下层和内外层应相互错缝,搭接长度宜为1/2～1/3,堆码应密实平整。

E.3.3　围堰的中心部分可填筑黏土及黏性土芯墙。堰外边坡坡度宜为1∶0.5～1∶1,堰内边坡坡度宜为1∶0.2～1∶0.5。

E.4　竹笼、木笼、铅丝笼及钢笼围堰

E.4.1　水深在4m以内,流速较大,且能满足泄洪要求时,可筑竹、木或铅丝笼围堰;水深超过4m时可筑钢笼围堰。

E.4.2　各种笼体的制作应坚固,并满足使用要求。围堰的层数宜根据水深、流速、基坑大小及防渗要求确定;宽度宜为水深的1.0～1.5倍。

E.4.3　宜在堰底外围堆填土袋,防止堰底渗漏。

E.5　膜袋围堰

E.5.1　水深在5m以内,流速在3.0m/s以内,且河(湖、海)床较平缓时,可筑膜袋围堰。

E.5.2　堰床处理应将河(湖、海)床的陡坎整平。

E.5.3　膜袋的缝合应牢固严密,袋内可采用沙或水泥固化土材料填充,填充后应采取有效措施降低膜袋内的水分。

E.5.4　围堰沉降稳定后方可进行基坑的排水,排水时应控制水位降速。

附录F　水泥混凝土面层施工工艺

水泥混凝土面层为乡道和村道通畅工程常用路面面层，其施工厚度要求不低于20cm。农村公路水泥混凝土常用施工方法为小型机具摊铺和振实法。

F.1　总体施工工序

F.1.1　备料和混合料配合比

F.1.2　测量放样

F.1.3　基层检验和整修

F.1.4　支立模板和安设钢筋

支立模板指生产、合成重复产物的模子，模板可分为钢模板、竹胶板、木模板、塑胶板。竹胶板一般都是一次性的，而其他模板则可以刷上脱模剂、模板漆，以此延长模板的寿命，浇注出高质量的墩柱。安设钢筋指安设拉杆和传力杆。

F.1.5　拌和、运输、摊铺、振捣混凝土。

用振捣机具将已平仓的混凝土拌和物按技术要求振动捣实，使之达到密实。

将配好的各组成材料按一定技术要求顺序倒入拌和机里制成混凝土拌和物的工序如下：

(1)拌和设备投入混凝土生产前，应按经批准的混凝土施工配合比进行最佳投料顺序和拌和时间的试验。

(2)混凝土拌和必须按照试验部门签发并经审核的混凝土配料单进行配料，严禁擅自更改。

(3)混凝土组成材料的配料量均以重量计。称量的允许误差不应超过规定值。

(4)每台班开始拌和前，应检查拌和机叶片的磨损情况。在混凝土拌和过程中，应定时检测骨料含水率，必要时应加密测量。

(5)混凝土掺和料在现场宜用干掺法，且应保证拌和均匀。

(6)外加剂溶液中的水量，应在拌和用水量中扣除。

(7)拌和楼进行二次筛分后的粗集料，其超大粒径应控制在要求范围内。

F.1.6　表面整修、拉纹

F.1.7　接缝施工

F.1.8　养生

F.1.9　拆模

F.1.10　填封接缝

F.2　施工准备阶段

F.2.1　材料准备和性能检验

（1）根据施工进度安排，在施工前分批做好所需材料［水泥、砂、碎石料（可应用于工程建筑的岩石）等］的准备；在接近拌和机进料处分堆堆放砂和石料。成批进货的水泥应储藏在附近的仓库内，每天使用的可就近放置在拌和机附近的平台上，但必须有防雨、防潮设施。

（2）对进场的砂和石料应抽查含泥量、级配（以不均匀系数 C_U 和曲率系数 C_C 来评价构成土的颗粒粒径分布曲线形态的一种概念）、有害物质含量、坚固性（砂在气候、环境变化或其他物理因素作用下抵抗破裂的能力）。含泥量超标的，应在使用前一、二天冲洗或过筛至合格，其他指标不符合要求的，应另选料或采取补救措施。

（3）水泥应该具有出厂质量报告，受潮结块的禁止使用。

F.2.2　安设模板

（1）基层验收合格后才能安设模板。在安设模板和钢筋前，先放好路中心线和边缘线。

（2）安设模板：建议采用钢模板，长度一般为3m，接头处应有牢固拼装配件。模板高度应与混凝土板厚相同，模板两侧用铁钎打入基层固定；模板顶面与混凝土板顶面齐平，底面与基层顶面紧贴，局部低洼处应事先用水泥砂浆铺平并充分夯实；模板安装好后在内侧面均匀涂刷一层沥青或油，以便脱模和保护模板。

F.3　混凝土拌和、运输、摊铺、振捣

F.3.1　拌和

要求采用强制式拌和机进行拌和的，其搅拌时间短，效率高，操纵系统灵活，卸料干净。搅拌前应采用磅秤准确称量各组成材料，并在斗车上做好标记，每次装料按照标记装

料并将表面铲平。

F.3.2　运输

运输过程中要防止污染和离析。由拌和到开始浇筑的时间应尽可能短,否则应使用缓凝剂。

F.3.3　摊铺

(1)检查模板位置、高度等是否符合要求;检查钢筋安设是否准确和牢固。

(2)混凝土混合料由运输车直接卸在基层上;卸料时,混合料尽可能卸成几个小堆,发现有离析现象,应用铁锹翻拌均匀。

(3)摊铺时应用“扣锹”方法,严禁使用“挂耙”施工,严禁抛掷,防止离析;在模板附近摊铺时,应用铁锹插捣几下,使灰浆捣出,以免产生蜂窝。

F.3.4　振捣

(1)摊铺好的混凝土混合料应迅速使用平板振捣器和插入式振捣器均匀地振捣。平板振捣器宜采用2.2kW的平板振捣器;插入式振捣器选用频率6 000次/分钟以上的。

(2)振捣时应先用插入式振捣器在模板边缘角隅处或者全面顺序振捣一次,同一位置不得少于20s,移动间距不宜大于其作用半径的1.5倍,至模板的距离不应大于其作用半径的0.5倍,并应避免碰撞模板和钢筋。

(3)使用平板振捣器全面振捣。振捣时应重叠10~20cm;同一位置振捣时,振捣时间不宜少于15s,并以不再冒气泡并泛出水泥浆为准。

(4)全面振捣后,使用振动梁进一步拖拉振实并初步整平。振动梁往返拖拉2~3遍,使表面泛浆,并赶出气泡。振动梁移动的速度应缓慢而均匀,前进速度以每分钟1.2~1.5m为宜。对不平之处,应及时以人工挖填补平,补填应用较细的混合料,但严禁使用纯砂浆填补。振捣梁行进时,不得中途停留。牵引绳不可过短,以减少振动梁底部的倾斜,底面要保持平直,当弯曲超过2mm时应调直或更换,下班或不用时,应清洗干净放在平整处,不要暴晒或雨淋。

(5)用平直的滚杠进一步滚揉表面,使表面进一步提浆并调匀。如发现混凝土表面与模板仍有较大的高差,应重新挖填或找平,重新振滚平整。

(6)挂线检查平整度。

F.4　表面整修、拉纹和养生

F.4.1　表面整修:采用大木抹多次抹面至表面无泌水为止。

F.4.2　拉纹:表面整修完毕后即可进行拉纹,拉纹必须使用拉纹器,严禁使用扫帚扫。拉纹时须靠侧木顺拉以保证纹路顺直,临近两次拉纹间距5cm。

F.4.3　养生：混凝土表面修整、拉纹完毕后应立即进行养生，使混凝土板在开放交通前具备足够的硬度和强度。养生期间，须防止混凝土的水分蒸发和风干，以免产生收缩裂缝；须采取措施减小温度变化，以免混凝土板产生过大的温度应力；须管制交通，以防止人畜和车辆等损害表面。一般在表面泌水现象消失后，用稻草、湿草袋等覆盖在板表面，每天洒水至少 2 ~ 3 次，养生时间不低于 28d。模板在浇筑混凝土 60h 后可以拆除，如果没有交通车辆直接在上行驶，则当气温高于 10℃时，可缩短到 20h 后拆除；温度低于 10℃时，可缩短到 36h 后拆除。

附录 G　泥结碎石面层施工工艺

泥结碎石面层为村道通达工程的路面面层，要求厚度 8cm。施工工艺常用灌浆法，即利用灌浆压力或浆液自重，经过钻孔将浆液压到岩石、砂砾石层、混凝土或土体的裂隙、接缝及空洞内，以改善地基水文地质和工程地质条件、提高建筑物整体性。其一般工序为：(1)准备工作；(2)摊铺碎石；(3)预碾碎石；(4)灌浆；(5)带浆碾压；(6)最终碾压。

G.0.1　准备工作

(1)基层坚固牢实，并已通过验收；

(2)排水设施已全部安装到位并已通过验收；

(3)做好边线、中线的放线；

(4)按照碎石用量布置好料堆；

(5)拌泥浆，即钻进中用于固壁、按一定比例的黏土和水配制的混合物。泥浆取土要求尽量少杂质，一般按水与土的体积比为 0.8:1 ~ 1:1 配制，具体在施工时根据土质的干湿进行调整，避免过稠、过稀或不均匀。

G.0.2　碎石摊铺和初碾压，使碎石初步嵌挤稳定为止

过多碾压将堵塞碎石缝隙，妨碍泥浆灌入。摊铺碎石时采用松铺系数 1.20 ~ 1.30。摊铺力求表面平整，并具有规定的路拱。初压时，用压路机碾压 3 ~ 4 遍，使碎石稳定就位即可。碾压时由两侧路肩向路中线碾压，每次重叠 1/3 轮宽，碾压完第一遍就应再次找平。初压完时，表面应平整，并具有规定的路拱和纵坡。

G.0.3　灌浆及带浆碾压

若碎石过干，可先洒水润湿，以利泥浆一次灌透。泥浆浇灌到一定面积后，即可撒 5 ~ 15mm 嵌缝料($1 \sim 1.5m^3/100m^2$)，然后用压路机进行带浆碾压，使泥浆能充分灌满碎石缝隙。

G.0.4　最终碾压

待表面已干而内部泥浆尚属半湿状态时，进行最终碾压，一般碾压 1 ~ 2 遍后撒铺 3 ~ 5mm 薄层的石屑并扫匀，然后进行碾压，使碎石缝隙内泥浆能翻到表面上与所撒石屑黏结成整体。

下篇　桥涵工程养护技术

第1章　总则

1.1　目的

为加强山东省农村公路桥涵建设与养护的技术指导，确保建设质量，提高投资效益，根据公路桥涵工程相关技术规范，结合山东省农村公路桥梁、涵洞建设实际，制订本指南。

1.2　适用范围

本指南适用于山东省县道、乡道、村道等各级农村公路桥梁、涵洞养护工程。

1.3　编制依据

(1)《公路养护技术规范》(JTG H10—2009)。

(2)《公路桥涵养护规范》(JTG H11—2004)。

(3)《公路桥梁技术状况评定标准》(JTG/T H21—2011)。

(4)《公路桥梁加固设计规范》(JTG/T J22—2008)。

1.4　总体要求

(1)农村公路养护应当按照技术规范和操作规程进行，做到路基、边坡稳定，路面、构造物完好，排水畅通，保证公路正常使用。

(2)农村公路养护实行专业养护与群众养护、日常养护与集中养护相结合的方式，逐步实现专业化养护。

(3)农村公路养护鼓励面向社会公开招标，择优选定具备资格条件的养护单位，推进农村公路养护市场化。

(4)农村公路养护应采用先进的检测技术，并积极推广应用经过验证的养护加固新技术、新材料、新工艺。

(5)公路养护工程按其工程性质、复杂程度、规模大小划分为小修保养、中修、大修和改建工程。

小修保养是对管养范围内的公路及其沿线设施经常进行维护保养和修补其轻微损坏部分的作业。

中修工程是对公路及其沿线设施的一般性损坏部分进行定期的修理加固，以恢复公路原有技术状况的工程。

大修工程是对公路及其沿线设施的较大损坏进行周期性的综合修理，以全面恢复到原技术标准的工程项目。

改建工程是对公路及其沿线设施因不适应现有交通量增长和载重需要而提高技术等级指标，显著提高其通行能力的较大工程项目。

(6)农村公路的养护管理工作，除应满足本指南有关规定外，还应符合国家及行业颁发的有关标准、规范的规定。

第2章　术语

2.0.1　养护

为保持桥涵及其附属物的正常使用而进行的经常性保养及维修作业。

2.0.2　桥梁加固

当桥梁原构件局部损坏或承载力不足时进行的修复和补强工程措施。

2.0.3　原构件

桥梁实施加固前的原有构件。

2.0.4　主要承重构件

其自身失效将直接影响或危及桥梁结构安全的承重构件。

2.0.5　结构胶黏剂

用于承重构件能长期承受外力和环境作用的胶黏剂。

2.0.6　纤维复合材料

高强度的连续纤维按一定规则排列,经用胶黏剂浸渍、黏结固化后形成的具有纤维增强效应的复合材料。

2.0.7　聚合物砂浆

掺有改性环氧乳液或其他改性共聚物乳液的高强度水泥砂浆。

2.0.8　增大截面加固法

通过增大原构件截面面积并增配钢筋,以提高其承载力和刚度的方法。

2.0.9　粘贴钢板加固法

采用结构胶黏剂粘贴钢板(或型钢)以提高构件承载力的方法。

2.0.10　粘贴纤维复合材料加固法

采用结构胶黏剂粘贴纤维复合材料以提高构件承载力的方法。

2.0.11　体外预应力加固法

通过施加体外预应力，使原结构、构件的受力得到改善或调整的方法。

第3章　检查与评定

3.1　养护检查

乡村公路养护，必须保持路面整洁、横坡适度、行车舒适，路肩整洁、边坡稳定、排水畅通，构造物、桥涵及隧道完好，沿线设施完善，绿化协调美观，实现"畅、洁、绿、美"的公路交通环境。

3.1.1　养护检查的分类

养护检查分为经常检查、定期检查和特殊检查。

(1)经常检查：主要指对桥涵设施、上部结构、下部结构及附属构造物的技术状况的检查。

(2)定期检查：为评定桥涵使用功能、制订管理养护计划提供基本数据，对桥梁主体结构及其附属构造物的技术状况进行的全面检查。

(3)特殊检查：特殊检查是查清桥梁的病害原因、破损程度、承载能力、抗灾能力，确定桥梁技术状况的工作。特殊检查分为专门检查和应急检查。

3.1.2　养护检查的频次

养护检查的频次应符合下列规定：

(1)经常检查的周期根据桥梁技术状况而定，一般每月不得少于一次，汛期应加强不定期检查。

(2)定期检查的周期根据桥梁技术状况而定，最长不得超过三年。新建桥梁交付使用一年后，进行第一次全面检查。临时桥梁每年检查不少于一次。在经常检查中发现重要部(构)件的缺损明显达到三、四、五类技术状况时，应立即安排一次定期检查。

(3)特殊检查应委托有相应资质和能力的单位承担。需要进行特殊检查的桥梁应满足以下条件：

①定期检查中难以判明损坏原因及程度的桥梁；

②桥梁技术状况为四、五类者；

③拟通过加固手段提高荷载等级的桥梁；

④条件许可时，特殊重要的桥梁在正常使用期间可周期性进行荷载试验；

⑤桥梁遭受洪水、流冰、滑坡、地震、风灾、漂流物或船舶撞击，因超重车辆通过或其他

异常情况影响造成损害时，应进行应急检查。

3.1.3　养护检查的主要内容

1）经常性检查

（1）外观是否整洁，有无杂物堆积，杂草蔓生。构件表面的涂装层是否完好，有无损坏、老化变色、开裂、起皮、剥落、锈迹。

（2）桥面铺装是否平整，有无裂缝、局部坑槽、积水、沉陷、波浪、碎边；混凝土桥面是否有剥离、渗漏，钢筋是否露筋、锈蚀，缝料是否老化、损坏，桥头有无跳车。

（3）排水设施是否良好，桥面泄水管是否堵塞和破损。

（4）伸缩缝是否堵塞卡死，连接部件有无松动、脱落、局部破损。

（5）人行道、缘石、栏杆、防撞护栏和引道护栏（柱）有无撞坏、断裂、松动、错位、缺件、剥落、锈蚀等。

（6）观察桥梁结构有无异常变形或异常的竖向振动、横向摆动等情况，然后检查各部件的技术状况，查找异常原因。

（7）支座是否有明显缺陷，活动支座是否灵活，位移量是否正常。支座的经常检查一般可以每季度一次。

（8）桥位区段河床冲淤变化情况。

（9）基础是否受到冲刷损坏、外露、悬空、下沉，墩台及基础是否受到生物腐蚀。

（10）墩台是否因受到船只或漂流物撞击而受损。

（11）翼墙（侧墙、耳墙）有无开裂、倾斜、滑移、沉降、风化剥落和异常变形。

（12）锥坡、护坡、调治构造物有无塌陷，铺砌面有无缺损、勾缝脱落、灌木杂草丛生。

（13）涵洞进水口是否阻塞，沉砂井有无淤积，洞内有无淤塞及排水不畅；洞口周围是否有杂物堆积，涵洞是否清洁、不漏水；周围路基填土是否稳定和完整；涵洞结构是否有损坏。

（14）交通信号、标志、标线、照明设施以及桥梁其他附属设施是否完好。

（15）其他显而易见的损坏或病害。

2）定期检查

（1）桥面系

①桥面铺装层纵、横坡是否顺适，有无严重的裂缝（龟裂、纵横裂缝）、坑槽、波浪、桥头跳车、防水层漏水。

②伸缩缝是否有异常变形、破损、脱落、漏水，是否造成明显的跳车。

③人行道构件、栏杆、护栏有无撞坏、断裂、错位、缺件、剥落、锈蚀等。

④桥面排水是否顺畅，泄水管是否完好、畅通，桥头排水沟功能是否完好，锥坡有无冲蚀、塌陷。

⑤桥上交通信号、标志、标线、照明设施是否损坏、老化、失效，是否需要更换。

⑥桥上避雷装置是否完善，避雷系统性能是否良好。

⑦桥上航空灯、航道灯是否完好，能否保证正常照明。结构物内供养护、检修的照明

系统是否完好。

⑧桥上的路用通信、供电线路及设备是否完好。

(2)钢筋混凝土和预应力混凝土梁桥

①梁端头、底面是否损坏,箱形梁内是否有积水,通风是否良好。

②混凝土有无裂缝、渗水、表面风化、剥落、露筋和钢筋锈蚀,有无因碱集料反应引起的整体龟裂现象。混凝土表面有无严重碳化。

③预应力钢束锚固区段混凝土有无开裂,沿预应力筋的混凝土表面有无纵向裂缝。

④梁(板)式结构的跨中、支点及变截面处,悬臂端牛腿或中间铰部位,刚构的固结处和桁架节点部位,混凝土是否开裂、缺损和出现钢筋锈蚀。

(3)拱桥

①主拱圈的拱板或拱肋是否开裂。钢筋混凝土拱有无露筋、钢筋锈蚀。圬工拱桥砌块有无压碎、局部掉块,砌缝有无脱离或脱落、渗水,表面有无苔藓、草木滋生,拱铰工作是否正常。空腹拱的小拱有无较大的变形、开裂、错位,立墙或立柱有无倾斜、开裂。

②拱上立柱(或立墙)上下端、盖梁和横系梁的混凝土有无开裂、剥落、露筋和锈蚀。中、下承式拱桥的吊杆其上下锚固区的混凝土有无开裂、渗水,吊杆锚头附近有无锈蚀现象,外罩是否有裂纹,锚头夹片、楔块是否发生滑移,吊杆钢索有无断丝。采用型钢或钢管混凝土芯的劲性骨架拱桥,混凝土是否沿骨架出现纵向或横向裂缝。

③拱的侧墙与主拱架间有无脱落,侧墙有无鼓突变形、开裂,实腹拱拱上填料有无沉陷。肋拱桥的肋间横向联结是否有开裂、表面剥落、钢筋外露、锈蚀等。

④双曲拱桥拱肋间横向联结拉杆是否松动或断裂,拱波与拱肋结合处是否开裂、脱开,拱波之间砂浆有无松散脱落,拱波顶是否开裂、渗水等。

⑤薄壳拱桥壳体纵、横向及斜向是否出现裂缝,系杆是否开裂。

⑥系杆拱的系杆是否开裂,无混凝土包裹的系杆是否有锈蚀。

⑦钢管混凝土拱桥裸露部分钢管及构件的检查见钢桥检查有关内容,同时还应检查管内混凝土是否填充密实。

(4)钢桥

①构件(特别是受压构件)是否扭曲变形、局部损伤。

②销钉和螺栓有无松动、脱落或断裂,节点是否滑动、错裂。

③焊缝边缘(热影响区)有无裂纹或脱开。

④油漆层有无裂纹、起皮、脱落,构件有无锈蚀。

⑤钢箱梁封闭环境中的湿度是否符合要求,除湿设施是否工作正常。

(5)通道、跨线桥与高架桥

通道、跨线桥与高架桥的结构检查同其他一般公路桥梁。通道还应检查通道内有无积水,机械排水的泵站是否完好,排水系统是否畅通;跨线桥、高架桥还应检查防抛网、隔音墙是否完好。除此还应检查通道、跨线桥与高架桥下的道面是否完好,有无非法占用情况等。

(6)支座

①支座组件是否完好、清洁，有无断裂、错位、脱空。

②活动支座是否灵活，实际位移量是否正常，固定支座的锚销是否完好。

③支座垫石是否有裂缝。

④简易支座的油毡是否老化、破裂或失效。

⑤橡胶支座是否老化、开裂，有无过大的剪切变形或压缩变形，各夹层钢板之间的橡胶层外凸是否均匀。

⑥四氟滑板支座是否脏污、老化，四氟乙烯板是否完好，橡胶块是否滑出钢板。

⑦盆式橡胶支座的固定螺栓是否剪断，螺母是否松动，钢盆外露部分是否锈蚀，防尘罩是否完好。

⑧组合式钢支座是否干涩、锈蚀，固定支座的锚栓是否紧固，销板或销钉是否完好。

⑨摆柱支座各组件相对位置是否准确，受力是否均匀。

⑩辊轴支座的辊轴是否出现不允许的爬动、歪斜。

⑪摇轴支座是否倾斜。

⑫钢筋混凝土摆柱支座的柱体有无混凝土脱皮、开裂、露筋，钢筋及钢板有无锈蚀。

(7)墩台与基础

①墩台及基础有无滑动、倾斜、下沉或冻拔。

②台背填土有无沉降或挤压隆起。

③混凝土墩台及帽梁有无冻胀、风化、开裂、剥落、露筋等。

④石砌墩台有无砌块断裂、通缝脱开、变形，砌体泄水孔是否堵塞，防水层是否损坏。

⑤墩台顶面是否清洁，伸缩缝处是否漏水。

⑥基础下是否发生不许可的冲刷或掏空现象，扩大基础的地基有无侵蚀。桩基顶段在水位涨落、干湿交替变化处有无冲刷磨损、颈缩、露筋，有无环状冻裂，是否受到污水、咸水或生物的腐蚀。必要时应派潜水员对大桥、特大桥的渗水基础进行潜水检查。

(8)涵洞

①检查涵洞的过水能力，包括涵洞的位置是否适当，孔径是否足够，涵底纵坡是否合适。若过水能力明显不足，经常造成内涝及路基损毁的，应考虑改造。

②进水口铺砌、翼墙、护坡、挡水墙、沉砂井等是否完整，洞口连接是否平整顺适。

③出水口铺砌、挡水墙、翼墙、护坡等是否完整，排水是否顺畅。

④涵体侧墙是否渗漏水、开裂、变形或倾斜，墙身砌体砂浆是否脱落，石块是否松动，基础是否冲刷掏空。

⑤涵身顶部盖板或拱顶是否开裂、漏水、变形下挠，拱顶砌块是否松动脱落。

⑥涵底是否淤塞阻水，涵底铺砌是否完整。

⑦洞口附近填土是否有渗水、冲刷、空洞，填土是否稳定。

⑧涵洞顶路面是否开裂、下沉，行车是否安全。

(9)调治构造物

调治构造物是否完好，功能是否适用，桥位段河床是否有明显的冲淤或漂浮物堵塞现象。

3）特殊检查

桥梁特殊检查应根据需要对以下三个方面问题作出鉴定：

（1）桥梁结构材料缺损状况。包括对材料物理、化学性能退化程度及原因的测试鉴定，结构或构件开裂状态的检测及评定。

（2）桥梁结构承载能力。包括对结构强度、稳定性和刚度的检算、试验和鉴定。

（3）桥梁防灾能力。包括桥梁抵抗洪水、流冰、风、地震及其他地质灾害等能力的检测鉴定。

3.2　养护评定

3.2.1　桥梁评定分类

桥梁评定分为一般评定和适应性评定。

（1）一般评定是依据桥梁定期检查资料，通过对桥梁各部件技术状况的综合评定，确定桥梁的技术状况等级，提出各类桥梁的养护措施。

（2）桥梁适应性评定包括以下内容：依据桥梁定期及特殊检查资料，结合试验与结构受力分析，评定桥梁的实际承载能力、通行能力、抗洪能力，提出桥梁养护、改造方案。

一般评定由负责定期检查者进行，适应性评定应委托有相应资质及能力的单位进行。

3.2.2　一般评定

全桥技术状况等级评定，宜采用考虑桥梁各部件权重的综合评定方法，亦可按重要部件最差的缺损状况评定，或对照桥梁技术状况标准《公路桥涵养护规范》（JTG H11—2004）的表3.5.2-3进行评定。

（1）桥梁各部件技术状况的评定方法如下：

①根据缺损程度（大小、多少或轻重）、缺损对结构使用功能的影响程度（无、小、大）和缺损发展变化状况（趋向稳定、发展缓慢、发展较快）三个方面，以累加评分方法对各部件缺损状况做出等级评定。评定方法见《公路桥涵养护规范》（JTG H11—2004）的表3.5.2-1。

②重要部件（如墩台与基础、上部承重构件、支座）以其中缺损最严重的构件评分，其他部件根据多数构件缺损状况评分。

③推荐的各部件权重见《公路桥涵养护规范》（JTG H11—2004）的表3.5.2-2。各地区也可根据本地区的环境条件和养护要求，采用专家评估法修订各部件的权重。

（2）桥梁技术状况评定等级分为一类、二类、三类、四类、五类。桥梁总体及部件技术状况评定标准见《公路桥涵养护规范》（JTG H11—2004）的表3.5.2-3。

（3）梁、拱、墩台裂缝的最大限值规定见表2-3-1。裂缝超过表列数值时应进行修补或加固，以保证结构的耐久性。

裂缝限值　　表 2-3-1

<table>
<tr><th>结构类型</th><th colspan="3">裂缝种类</th><th>允许最大缝宽(mm)</th><th>其他要求</th></tr>
<tr><td rowspan="5">钢筋混凝土梁</td><td colspan="3">主筋附近竖向裂缝</td><td>0.25</td><td>—</td></tr>
<tr><td colspan="3">腹板斜向裂缝</td><td>0.30</td><td>—</td></tr>
<tr><td colspan="3">组合梁结合面</td><td>0.50</td><td>不允许贯通结合面</td></tr>
<tr><td colspan="3">横隔板与梁体端部</td><td>0.30</td><td>—</td></tr>
<tr><td colspan="3">支座垫石</td><td>0.50</td><td>—</td></tr>
<tr><td rowspan="2">预应力混凝土梁</td><td colspan="3">梁体竖向裂缝</td><td>不允许</td><td>—</td></tr>
<tr><td colspan="3">梁体纵向裂缝</td><td>0.20</td><td>—</td></tr>
<tr><td rowspan="3">砖、石、混凝土拱</td><td colspan="3">拱圈横向</td><td>0.30</td><td>裂缝高度小于截面高度一半</td></tr>
<tr><td colspan="3">拱圈纵向</td><td>0.50</td><td>裂缝长度小于跨径的1/8</td></tr>
<tr><td colspan="3">拱波与拱肋结合处</td><td>0.20</td><td>—</td></tr>
<tr><td rowspan="7">墩台</td><td colspan="3">墩台帽</td><td>0.30</td><td rowspan="7">不允许贯通墩身截面一半</td></tr>
<tr><td rowspan="5">墩台身</td><td rowspan="2">经常受水侵蚀性影响</td><td>有筋</td><td>0.20</td></tr>
<tr><td>无筋</td><td>0.30</td></tr>
<tr><td rowspan="2">常年有水,但无侵蚀性影响</td><td>有筋</td><td>0.25</td></tr>
<tr><td>无筋</td><td>0.35</td></tr>
<tr><td colspan="2">干沟或季节性有水河流</td><td>0.40</td></tr>
<tr><td colspan="3">有冻结作用部分</td><td>0.20</td></tr>
</table>

3.2.3　桥梁适应性评定

对桥梁的承载能力、通行能力、抗洪能力应周期性地进行评定。评定周期一般为 3～6 年。评定工作可与桥梁的定期检查、特殊检查结合进行。

承载能力、通行能力的评定一般采用现行荷载标准及交通量,也可考虑使用期预测交通量。承载能力、通行能力评定方法见《公路桥梁承载力检测评定规程》(JTG/T J21—2011)。抗洪能力评定的具体要求见《公路桥涵养护规范》(JTG H11—2004)第 11 章。

3.2.4　养护对策

(1)对一般评定划定的各类桥梁,分别采取不同的养护措施。

一类桥梁进行正常保养;二类桥梁需要进行小修;三类桥梁需要进行中修,酌情进行交通管制;四类桥梁需要进行大修或改造,及时进行交通管制,如限载、限速通过,当缺损较严重时应关闭交通;五类桥需要进行改建或重建,及时关闭交通。

(2)对适应性不能满足的桥梁,应采取提高承载力、加宽、加长、基础防护等改造措施。若整个路段有多座桥梁的适应性不能满足,应结合路线改造进行方案比较和决策。

第4章　桥梁上部结构养护与维修

4.1　桥面系的养护与维修

4.1.1　桥向铺装

(1)桥面应经常清扫,排除积水,消除泥土、杂物、冰凌和积雪,保持桥面平整、清洁。

(2)沥青混合料桥面出现泛油、拥包、裂缝、波浪、坑槽、车辙等病害时,应及时处治。当损坏面积较小时,可局部修补;损坏面积较大时,可将整跨铺装层凿除,重铺新的铺装层。一般不应在原桥面上直接加铺,以免增加桥梁恒载。

(3)水泥混凝土桥面出现断缝、拱胀、错台、起皮、露骨等病害时,应及时处理。损坏面积较大时,应将原铺装整块或整跨凿除,重铺新的铺装层。

(4)桥面防水层如有损坏,应及时修复。

4.1.2　排水系统

(1)桥面的泄水管、排水槽如有堵塞,应及时疏通,并经常保持畅通。

(2)桥面应保持大于1.5%的横坡,以利于桥面排水。

(3)桥梁上设置的封闭式排水系统,应保持各排水管道畅通,排水系统的设备如水泵等应正常工作,若有堵塞应及时疏通,若有损坏则应及时更换。

4.1.3　人行道、栏杆、护栏、防撞墙

(1)人行道块件应牢固、完整,桥面路缘石应经常保持完好状态。若出现松动、缺损,应及时修正或更换。

(2)桥梁栏杆应经常保持完好状态。栏杆柱应竖立正直,扶手应无损坏、断裂,伸缩缝处的水平杆件应能自由伸缩。栏杆柱、扶手如有缺损,应及时补齐。因栏杆损坏而采用临时防护措施时,使用时间不得超过三个月。

(3)钢筋混凝土栏杆开裂严重或混凝土剥落,应凿除损坏部分,修补完整。

(4)钢质栏杆应涂漆防锈,一般每年一次。

(5)护栏、防撞墙应牢固、可靠,若有损坏应及时修理或更换。钢护栏与钢筋混凝土护栏上的外露钢构件应定期涂漆防锈,一般每年一次。

(6)桥梁两端的栏杆柱或防撞墙端面,涂有立面标记或警示标志的,应定期涂刷,一般一年一次,使油漆颜色保持鲜明。

4.1.4　灯柱及灯具

桥上灯柱应保持完好状态，如有缺损和歪斜，应及时修理、扶正。灯具损坏应及时更换，保证夜间照明。

4.1.5　伸缩装置

(1)应经常清除缝内积土、垃圾等杂物，使其发挥正常作用，如有损坏或功能失效应及时修理或更换。

(2)以下几种伸缩装置出现下列病害时，应及时进行更换。

①U 形锌皮伸缩装置的锌铁皮老化、开裂、断裂。

②钢板伸缩装置或锯齿钢板伸缩装置的钢板变形、螺栓脱落，伸缩不能正常进行。

③橡胶条伸缩装置的橡胶条老化、脱落，固定角钢变形、松动。

④板式橡胶伸缩装置的橡胶板老化开裂，预埋螺栓松脱，伸缩失效。

(3)更换的伸缩装置应选型合理，伸缩量应满足桥跨结构变形需要，安装应牢固、平整、不漏水。

(4)维修或更换伸缩装置时，应采取措施维持交通。

4.1.6　标志、标线和交通安全设施

(1)桥上的交通标志应齐全、醒目、牢固，标志板应保持整洁、无裂纹和残缺，若有损坏应及时整修。

(2)交通标线应经常保持完好、清晰，定期进行标线重涂。

(3)桥上的防眩板应保持齐全、整洁，如有损坏应及时整修。

(4)桥上的防护隔离设施应完整、牢固，若有损坏应及时修理。

(5)桥上设置的航空灯、航道灯及供电线路、通信线路必须保持完好状态，如有损坏应立即修复。避雷设备要经常保持完好，接地电阻要符合要求，接地线附近禁止堆放物品，禁止挖取接地线的覆土。

4.2　钢筋混凝土梁桥的养护与加固

4.2.1　日常养护与维修

(1)钢筋混凝土梁桥日常养护维修内容：清除表面污垢；修补混凝土空洞、破损、剥落、表面风化以及裂缝；清除暴露钢筋的锈渍，恢复保护层；处理各种横、纵向构件的开裂、开焊和锈蚀。

保持箱梁的箱内通风，未设通风孔的应补设。梁体的污垢宜用清水洗刷，不得使用有腐蚀性的化学清洗剂。

(2)钢筋混凝土梁桥常见病害及采用的处理方法。

①对梁(板)体混凝土的空洞、蜂窝、麻面、表面风化、剥落等应先将松散部分清除，再用高强度等级混凝土、水泥砂浆或其他材料进行修补。新补的混凝土要密实，与原结构结

合牢固、表面平整。新补的混凝土必须实行养生。

②梁体若发现露筋或保护层剥落,应先将松动的保护层凿去,并清除钢筋锈迹,然后修复保护层。如损坏面积不大可用环氧砂浆修补,如损坏面积过大可用喷射高强度等级水泥砂浆的方法修补。

③梁(板)体的横、纵向联结件开裂、断裂、开焊,可采取更换、补焊、帮焊等措施修补。

④钢筋混凝土梁桥的裂缝处理:当裂缝的宽度大于限值及裂缝分布超出正常范围时,应作处理。钢筋混凝土梁的裂缝最大限值见表2-3-1。

当裂缝宽度在限值范围内时,可进行封闭处理,一般涂刷环氧树脂胶。

当裂缝宽度大于限值规定时,应采用压力灌浆法灌注环氧树脂胶或其他灌缝材料。

当裂缝发展严重时,应加强观测,查明原因,必要时进行加固处理。

(3)空气、雨水、河流水中含有对混凝土和钢筋有侵蚀的化学成分时,应对桥梁结构进行防护。

(4)钢筋混凝土构件的修补。

①在昼夜平均气温低于5℃的冬季维修桥梁时,对修补的混凝土构件应采取保温措施,保证混凝土的凝固硬化。

②用于修补加固的混凝土、钢材,其强度和其他质量指标应不低于原桥材料。修补用的混凝土强度等级应比原强度等级提高一级,在pH值小于5.6的地区,所用水泥应根据环境特点采用耐酸的硅酸盐水泥、抗铝硅酸盐水泥等。

③受拉区修补用的混凝土宜用环氧树脂配制,受压区修补用的混凝土可用膨胀水泥配制。用水泥混凝土或砂浆修补的构件应加强养生,有条件时宜用蒸汽养生或封闭养生。

4.2.2　加固方法及适用范围

梁桥加固可以采用以下几种方法:

(1)浇筑钢筋混凝土加大截面加固法。用于加强构件,应注意在加大截面时自重也相应增加了。

(2)增加钢筋加固法。用于加强构件,常与方法(1)共同使用。

(3)粘贴钢板加固法。是普遍采用的方法,钢板与原结构必须可靠连接,并作防锈处理。

(4)粘贴碳纤维、特种玻璃纤维加固法。主要用于提高构件抗弯承载力。使用此法加固几乎不增加原结构自重。

(5)预应力加固法。对于提高构件强度、控制裂缝和变形的作用较好。

(6)改变梁体截面形式加固法。一般是将开口的T形截面或Π形截面转换成箱形截面。

(7)增加横隔板加固法。用于无中横隔或少中横隔梁的加固,可增加桥梁整体刚度,调整荷载横向分配。

(8)在桥下净空和墩台基础受力许可的条件下,采用在梁(板)底下加八字支撑加固法。

(9)桥梁结构由简支变连续加固法。

(10)当支座设置不当造成梁体受力恶化时,可采用调整支座高程的加固方法。

(11)更换主梁加固法。

(12)其他可靠有效的加固法。

4.3　预应力混凝土梁桥的养护与加固

4.3.1　日常养护与维修

(1)预应力混凝土梁桥日常养护维修范围及内容见4.2.1条,此外应对预应力锚固区的破损及开裂、沿预应力钢束纵向的开裂进行修补。

(2)预应力混凝土梁桥常见病害:

①混凝土表面剥落、渗水,梁角破碎、露筋,钢筋锈蚀、局部破损等。

②预应力钢束应力损失造成的病害。

③预应力混凝土梁出现裂缝。全预应力及部分预应力A类构件正常使用条件下不允许出现裂缝,只有B类构件允许出现裂缝。裂缝的类型除了同钢筋混凝土梁桥外,还有沿预应力钢束的纵向裂缝和锚固区局部承压的劈裂缝。

(3)常见病害的维修同钢筋混凝土梁桥。对于不允许出现裂缝的桥梁,不论裂缝宽窄,都应查明原因并进行处理或加固。

4.3.2　预应力混凝土梁桥的加固方法

(1)预应力混凝土梁桥的一般加固方法及适用范围参见4.2.2条。

(2)因为预应力部分失效而进行加固时,若原结构有预留孔,可在预留孔内穿钢束进行张拉;采用无黏结钢束的,可对原钢束重新张拉;或增设齿板,增加体外束进行张拉。

(3)腹板抗剪切强度不够时,可采用加竖向预应力加固。

4.4　拱桥的养护与加固

4.4.1　日常养护与维修

(1)经常清除表面污垢及圬工砌体因渗水而附着在表面的游离物。

(2)经常疏通泄水管孔,保持桥面及实腹拱拱腔排水畅通。如发现拱桥桥面漏水,应及时修补,空腹拱的主拱圈(肋)若发现渗水,应对拱背进行清理,清除可能积水的残渣、堆积物等,并用砂浆等材料抹平或堵塞裂缝。实腹拱若发现主拱圈渗水,应检查拱腔排水系统,必要时可挖开拱上填料,修补防水层,修理排水管道。

(3)主拱及拱式腹拱的拱铰及变形缝应保持正常工作状态。清除弧面铰及变形缝内嵌入的杂物,保持能自由转动、变形。填缝材料如油毛毡、浸渍沥青的木板等,如有损坏应及时更换。

(4)构件表面缺陷及局部损坏的修补,主要有以下几类:

①圬工砌体的边角压碎、砌块断裂,干砌石拱桥砌缝张口等,可用水泥砂浆修补。若个别块体压碎或脱落,用新的块体填塞更换,更换时应保证嵌挤或填塞紧密。砌缝砂浆若发生脱离,应凿除后重新用干硬性砂浆或微膨胀砂浆填筑,表面重新勾缝。

②钢筋混凝土拱构件表面的缺损与裂缝修补参见4.2钢筋混凝土梁桥有关部分。

③钢管混凝土拱钢构件表面的防锈涂层应保持完好,并定期重涂。

④实腹拱的侧墙若发生较大变形、开裂,应查明原因并作相应处理。若是填料不实或拱腔积水,应挖开拱上填料,修补防排水系统,拆除鼓凸部分侧墙后重新砌筑,重新回填拱上填料及重做路面,也可酌情换用轻质填料或加大侧墙尺寸。

若发现侧墙与拱圈之间脱开,或侧墙上有斜向(若是砌体通常沿砌缝成锯齿状)开裂,应检查墩台与主拱的变形。开裂轻微且不再发展的,可作一般修补裂缝处理。若开裂严重或裂缝在发展中,应考虑加固、改造方案。

(5)冬季月平均气温低于－20℃的地区,对淹没于结冰水位的拱圈,应在枯水期从结冰水位以上50cm开始至拱脚涂抹一层防冻环氧砂浆,砂浆表面再涂刷沥青进行保护。

4.4.2　加固方法及适用范围

1)拱桥的主要病害

(1)主拱圈抗弯强度不够引起拱圈开裂。裂缝主要发生在拱顶区段的拱圈下缘与侧面,拱脚处的拱圈上缘与侧面。

(2)主拱圈抗剪强度不够引起拱圈开裂。裂缝主要发生在拱脚,空腹拱的立柱柱脚。

(3)拱圈材料抗压强度不够,引起劈裂或压碎。

(4)两拱脚墩台不均匀沉降引起拱圈开裂,一般出现在拱顶区段,横桥向贯穿全拱圈,裂缝宽度上下变化不大,且两侧有错动。

墩、台基础上、下游不均匀沉降引起拱圈及墩台出现顺桥向裂缝。

(5)墩台沿桥梁纵向发生向后滑动或转动从而引起拱圈开裂,裂缝规律同(1)。当向桥孔方向滑动或转动时,裂缝在拱圈上、下缘的位置与(1)相反。

(6)肋拱、刚架拱、桁架拱、双曲拱的肋间横向联结,如横系梁、斜撑因强度不够引起开裂。

(7)拱上排架、梁、柱开裂,短柱的两端开裂,侧墙斜、竖方向开裂,侧墙与拱圈连接处开裂。开裂的主要原因分别为构造不合理、强度不够、施工质量不好,以及由于拱圈变形,墩、台变位对拱上结构造成不利影响所致。

(8)预制拼装拱桥或分环砌筑的圬工拱桥,沿连接部位或砌缝发生环向裂缝。双曲拱桥的拱肋与拱波连接处开裂。拱肋接头混凝土局部压碎。

(9)双曲拱桥的拱波顶纵向开裂。多为肋间横向连接偏弱,采用平板式填平层使拱横截面刚度分配不均,墩台横向不均匀沉降等原因引起。

(10)桁架拱、刚架拱、系杆拱的节点强度不够引起节点及杆件端部开裂。

(11)中、下承式拱的吊杆锚头滑脱或钢丝锈蚀、折断。

(12)拱铰失效或部分失效,引起拱的受力恶化而开裂。

(13)钢管混凝土拱的钢管因厚度不足,或节间过大造成钢管出现压缩状折皱。

(14)桥面板(平板、微弯板、肋腋板等)开裂。引起开裂的原因主要有局部承受车辆荷载强度不够,参与主拱受力后强度不够,肋片发生较大位移,板与肋连接破坏,或在施工中已开裂却未予彻底处理等。

2)加固方法及适用范围

(1)主拱圈强度不足时,可加大拱圈截面。

从拱腹面加固时,可采用下列方法:粘贴钢板;浇筑钢筋混凝土加大拱肋截面;布设钢筋网,用喷射混凝土或水泥砂浆加大拱圈截面;在拱肋间加底板,变双曲拱截面为箱形截面。条件许可时,也可在腹面做衬拱及相应的下部结构。

从拱背面加固时,可在拱脚区段的空腹段背面加大拱圈截面,或拆除拱上建筑,在全拱圈背面加大截面。一般使用混凝土或钢筋混凝土材料。

(2)拱肋、拱上立柱、纵横梁、桁架拱、刚架拱的杆件损坏可用粘钢或复合纤维片材加固。粘钢时可粘贴钢板,也可在四角处粘贴角钢。

(3)用粘钢板或复合纤维片材加固桁架拱、刚架拱及拱上框架的节点。

(4)用嵌入剪力键的方法加固拱圈的环向连接。剪力键一般采用钢板或铸件,按一定间隔布置,其间的裂缝用环氧砂浆等处理。

(5)用加大截面的方法加强拱肋之间的横向连接。采用横拉杆的双曲拱,可把拉杆改为系梁。

(6)更换锈蚀、断丝或滑丝的吊杆。若原构造许可,可以用收紧锚头的方法张拉松弛的系杆或吊杆来调整内力。

(7)在钢管混凝土拱肋、拱脚区段或其他构件的外面包裹钢筋混凝土。

(8)改变结构体系以改善结构受力,如在桥下通航许可的前提下加设拉杆。

(9)更换拱上建筑,减轻自重,将实腹拱的拱上填料更换为轻质填料。

(10)用更换桥面板、增加桥面铺装的钢筋网、加厚桥面铺装、换用钢纤维混凝土等方法维修加固桥面。

(11)因墩、台变位引起拱圈开裂时,应先维修加固墩台,然后修补拱圈。

(12)加固拱桥时,应注意恒载变化对拱压力线的影响及引起的推力变化,对各施工工序应进行检算,并作出详细的施工组织设计,严格按照设计的工序施工。

4.4.3 拱桥的拆除

(1)拱桥拆除应进行拆除方案设计。对于大、中拱桥及多孔拱桥,应对拆除的各工序进行检算,并有详细的施工组织设计。一般拆除顺序按加载倒装考虑。多孔拱桥应根据实际情况考虑连拱作用的不利影响。

(2)拆除时实行现场管制,禁止人员进入拆除爆破的影响范围内。

4.5　桥梁支座的养护与更换

4.5.1　日常养护

(1)支座各部分应保持完整、清洁,每半年至少清扫一次。清除支座周围的油污、垃圾,防止积水、积雪,保证支座正常工作。

(2)滚动支座的滚动面应定期涂润滑油(一般每年一次)。在涂油之前,应把滚动面揩擦干净。

(3)对钢支座要进行除锈防腐。除铰轴和滚动面外,其余部分均应涂刷防锈油漆。

(4)及时拧紧钢支座各部接合螺栓,使支承垫板平整、牢固。

(5)应防止橡胶支座接触油污引起老化、变质。

(6)滑板支座、盆式橡胶支座的防尘罩,应维护完好,防止尘埃落入或雨、雪渗入支座内。

4.5.2　支座维修与更换

(1)支座如有以下缺陷或产生故障不能正常工作时,应及时予以修整或更换。

①支座的固定锚销剪断,滚动面不平整,轴承有裂纹或切口,辊轴大小不合适,混凝土摆柱出现严重开裂、歪斜时,必须更换。

②支座座板翘起、变形、断裂时应予更换,焊缝开裂应予整修。

③板式橡胶支座出现脱空或不均匀压缩变形时,应进行调整。

④板式橡胶支座发生过大剪切变形,中间钢板外露,橡胶开裂、老化时,应及时更换。

⑤油毡垫层支座失去功能时,应及时更换。

(2)调整或更换板式橡胶支座、钢板支座、油毛毡垫层支座时,可采用如下方法:在支座旁边的梁底或端横隔处设置千斤顶,将梁(板)适当顶起,使支座脱空不受力,然后进行调整或更换。调整完毕或新支座就位正确后,落梁(板)到使用位置。

(3)需要抬高支座时,可根据抬高量的大小选用下列几种方法。

①垫入钢板(50mm 以内)或铸钢板(50~100mm)。

②更换为板式橡胶支座。

③就地浇筑钢筋混凝土支座垫石,垫石高度按需要设置,一般应大于100mm。

第5章　桥梁下部结构养护与维修

5.1　墩台基础的养护与维修

5.1.1　日常养护与维修

(1)应采取措施保持桥梁墩台基础附近河床的稳定。桥梁上下游各200m的范围内(当桥长的1.5倍超过200m时,范围应适当扩大)应做到:

①适时地进行河床疏浚。每次洪水过后,应及时清理河床上的漂浮物,使水流顺利宣Q2泄。

②在桥下竖立警示牌,禁止任何人或单位在上述范围内挖砂、取土、采石、倾倒废弃物,禁止进行爆破作业及其他危及公路桥梁安全的活动。

③不得任意修建对桥梁有害的建筑物,因抢险、防汛需要修筑堤坝、压缩或拓宽河床时,应事先报经交通主管部门或公路管理机构同意,并采取有效的防护措施。

发现任何有可能破坏桥梁安全的行为,应及时制止。

(2)若基础冲刷过深或基底局部掏空,应立即抛填块石、片石、铅丝石笼等进行维护。

(3)桥下河床铺砌出现局部损坏时应及时维修。若砌块损坏,可补砌或采用混凝土修补。

(4)对设置的防撞、导航、警示等附属设施应经常检查、维护,保持良好状态。

5.1.2　墩台基础的允许沉降

简支梁桥墩台基础的沉降和位移,超过以下容许限值或通过观察裂缝持续发展时,应采取相应措施予以加固。

(1)墩台均匀总沉降值(不包括施工中的沉降):$2.0\sqrt{L}$(cm);

(2)相邻墩台总沉降差值(不包括施工中的沉降):$1.0\sqrt{L}$(cm);

(3)墩台顶面水平位移值:$0.5\sqrt{L}$(cm)。

注:①L为相邻墩台间最小跨径,以m计,跨径小于25m时仍以25m计算。

②桩、柱式柔性墩台的沉降,以及桩基承台上墩台顶面的水平位移值,可视具体情况确定,以保证正常使用为原则。

当墩台变位所产生的附加内力影响到桥梁的正常使用和安全时,或桥梁墩台基础自身结构出现大的缺损使承载力不够时,必须进行加固处理。

5.1.3 加固方法及适用范围

1)地基承载力不足时的加固措施

(1)重力式基础的加固

在刚性实体基础周围浇筑混凝土扩大基础。一般应修筑围堰,抽干水后开挖基坑,再浇筑混凝土。新旧基础(承台)之间可埋置连接钢筋,并将旧基础表面刷洗干净、凿毛,使新老混凝土连成整体。

当梁式桥桥台基础承载能力不足时,可在台前增加桩基及柱并浇筑新盖梁、增设支座。这时梁的支点发生变化,应根据结构受力变化对主梁进行检算及加固。

对于拱桥基础,可在桥台两侧加设钢筋混凝土实体耳墙,并将耳墙与原桥台用钢销连接起来,增大桥台基础面积,提高桥台承载力。

当桥下净空允许时,可在台前加建新的扩大基础及台身,将主拱改建为变截面拱支承到新基础及台身上。新老基础之间用钢筋或钢销进行连接,有条件时可在台前新基础下增加短桩,以提高承载力。

(2)桩基础的加固

采用加桩来加固,可用钻孔桩或打入桩增设基桩,并扩大原承台。

对单排架桩式桥墩采用加桩加固时,如原有桩距较大(4～5倍桩径),可在桩间插桩。如原有桩距较小,但通航净空有富裕时,可在原排架两侧增加新桩,变为三排式墩桩。

对钻孔灌注桩桩身损坏、露筋、缩颈等病害,可采用灌(压)浆或扩大桩径的方法进行维修加固。

(3)人工地基加固

对墩台基础以下的地层,采用注浆、旋喷注浆或深层搅拌等方法,将各种浆液加固剂注入或搅拌于土层中,通过浆液凝固使原来松散的土固结,成为有足够强度和防渗性能的整体。所采用的材料应通过试验确定。

2)墩台基础防护加固

墩台基础局部被冲空时,可分情况采取下列加固措施。

(1)水深3m以下,可筑围堰将水抽干,以砌石或混凝土填补冲空部分。桥台基础采用上述方法加固时,还应修整或加筑护坡。

(2)水深3m以上,可在基础四周打板桩或做其他围堰,灌注水下混凝土。也可用编织袋装干硬性混凝土(每袋装量为袋容积的2/3),通过潜水作业将袋装混凝土分层填塞冲空部分,填塞范围比基础边缘宽0.4m以上。

(3)当基础置于风化岩层上,基底外缘已被冲空时,应先清除岩层严重风化部分,再用混凝土填补。对基础周围的风化岩层还应用水泥砂浆进行封闭。

(4)当河床不稳定,基础埋置较浅,冲刷范围较大时,可采用平面防护加固,其范围要覆盖全部冲刷坑。方法如下:

①打梅花桩,桩间用块、片石砌平卡紧;

②用块、片石防护或用水泥混凝土板、水泥混凝土预制块防护;

③用铁丝笼、竹笼等柔性结构防护。

(5)墩台周围河床冲刷严重，危及基础安全时，除分别采用上述方法进行防护加固外，应在洪水期过后，按本规范的规定，采取必需的调治结构物防护措施，或对河床采取防冲刷处理，以防再次被冲坏。

3)桥台滑移、倾斜的加固

桥台发生滑移和倾斜时，应分析原因，根据不同情况采用下列加固方案。

(1)梁式桥或陡拱因台背土压力过大，造成桥台向桥孔方向位移，可采取下列方法进行加固：

①挖除台背填土，改用轻质材料回填，减轻台后土压力，以使桥台稳定。拱桥在换填材料时，应维持与拱推力的平衡，如在桥孔设临时拉杆或在后台设临时支撑。

②挖取台背填土，加厚台身。

③对于单跨的小跨径梁式桥，可在两桥台基础之间增设钢筋混凝土支撑梁或浆砌片石支撑板，支撑顶面应不高于河床。埋置式桥台可采用挡墙、支撑杆或挡块等进行加固。

(2)拱桥桥台产生向台后方向位移，可根据不同情况采用下列方法加固：

①在U形桥台两侧加厚翼墙。翼墙与原桥台应牢固结合，增大桥台断面和自重，借以抵抗水平位移。若为一字形桥台，可增设翼墙变位U形桥台。

②当桥台的位移尚未稳定时，可在台后增设小跨引桥和摩擦板，以防止桥台继续位移。

③当桥下净空许可时，可在墩台之间设置拉杆承受推力，限制水平位移。对于多孔拱桥，要注意各孔之间的推力平衡。

(3)拱桥在加固墩、台时，必须保持推力平衡，注意安全。

4)其他方法

桥梁墩台发生了较明显的沉降、位移，除按本节前述的方法加固外，还可采用下述方法使上部结构复位。

(1)梁式桥上部结构状况基本完好，桥面没有损坏，下部地基较好时，可对上部结构整体或单孔顶升，然后加设垫块、调整支座。

(2)梁式桥上部结构状况基本完好，但桥面损坏严重时，可凿除桥面及主梁之间的连接，将主梁逐一移位，加厚盖梁，重新安装主梁，并重新铺装桥面。

(3)拱桥桥台发生位移，使拱轴线变形较大，承载能力不足时，可采用顶推方法调整拱轴线，恢复其承载能力。

5.2 墩台的养护与加固

5.2.1 日常养护与维修

(1)保持墩台表面整洁，及时清除墩台表面的青苔、杂草、灌木和污秽。

(2)对发生灰缝脱落的圬工砌体，应清除缝内杂物，重新用水泥砂浆勾缝。

（3）墩台身圬工砌体表面风化剥落或损坏时，损坏深度在3cm以内的，可用水泥砂浆抹面修补，砂浆强度等级一般不应低于M5。当损坏面积较大且深度超过3cm时，不得用砂浆修补，而需采用挂网喷浆或浇注混凝土的方法加固。

（4）圬工砌体镶面部分严重风化和损坏时，应用石料或混凝土预制块补砌、更换，新老部分要结合牢固，色泽质地应与原砌体基本一致。

（5）墩台身圬工砌体的砌块如出现裂缝，应拆除后重新砌筑。

（6）墩台表面发生侵蚀、剥落、蜂窝、麻面、裂缝、露筋等病害时，应采用水泥砂浆修补。因受行车振动影响，不易用水泥砂浆补牢的，应考虑采用环氧树脂或其他聚合物混凝土进行修补。

（7）墩台混凝土裂缝宽度超过限值时，裂缝的修补方法参见4.2.1条。

5.2.2　加固方法及适用范围

（1）由于活动支座失灵而造成墩台拉裂，应修复或更换支座，并按上述方法修补裂缝。

（2）墩台身发生纵向贯通裂缝时，可采用钢筋混凝土围带、粘贴钢板箍或加大墩台截面的方法进行加固。

（3）因基础不均匀下沉引起墩台自下而上的裂缝时，应先加固基础，再采用灌缝或加箍的方法进行加固。

（4）U形桥台的翼墙外倾时，可横向钻孔加设钢拉杆，钢拉杆固定在翼墙外壁的型钢或钢筋混凝土梁柱上。

（5）当墩台损坏严重，如出现大面积开裂、破损、风化、剥落时，一般可用钢筋混凝土“箍套”加固，对结构基本完好但承载能力不足的圆柱形墩柱，可用包裹碳纤维片材的方法加固。

（6）钢筋混凝土墩台出现缺损，而墩台身处于常水位以下时，可根据不同情况采用围堰抽水或水下作业的方法进行修补。

5.3　锥坡、翼墙的养护

锥坡应保持完好。锥坡开裂、沉陷、受洪水冲空时，应及时采取措施进行维修加固。

翼墙出现下沉、断裂或其他损坏时，应及时维修加固。

第6章　超重车辆过桥措施

6.1　一般规定

超重车辆是指载量大于桥梁设计荷载标准及公路管理部门公布的限载量，必须采取技术措施方可通过桥梁，经过公路管理机构审批同意可在指定公路上行驶的特殊车辆。

组织超重车辆安全通过桥梁的技术、管理措施有：

(1)收集查找桥梁技术档案，现场查看桥梁状况，依据桥梁的技术资料，按照超重车辆的实际荷载，对结构进行强度、稳定性、刚度检算。

(2)必要时进行荷载试验，以判定桥梁的承载能力。

(3)对不能满足通行条件的桥梁进行加固处理。当有多条线路可通行时，应选取桥梁技术状况好，加固工程费用较低的路线。

(4)对超重车辆通过桥梁进行现场管理。

6.2　超重车辆过桥的检算及荷载试验

对超重车辆所要通过的所有桥梁，均应按桥涵设计规范进行必要的计算，以确定需要进行加固的桥梁及需加固的部位及构件。

对于计算所需的桥梁技术资料有以下要求：

(1)经批准的正式竣工文件。施工质量良好，使用时间不长时可直接采用竣工文件。

(2)无设计(竣工)资料或虽有竣工资料，但施工质量不好，使用时间较长后已经出现破损的，应以量测的桥梁实际状况为计算依据。

结构检算应选取符合实际、安全可靠的计算图式。结构检算应包括上部结构、下部结构及地基等部分。

当检查及检算不足以作出判定时，可进行荷载试验。加载大小应使试验的荷载效应与超重车通过的状况相近，一般只需按一组最不利位置布载。

对已有荷载试验资料的桥梁，应将实测资料和计算结果进行综合分析，做出判断。

6.3　加固措施

6.3.1　基本要求

（1）当桥梁承载力不足时，应对其不足部分如上部结构、下部结构、地基以至全桥采取经济合理、切实可行的加固措施。特大桥梁的加固宜至少提出两个加固方案进行经济技术比较。

（2）加固时应尽可能地采用易于实施及拆除、构件可回收利用的临时措施。

（3）当采用永久式或半永久式加固措施时，可与桥梁的技术改造及提高荷载等级一并考虑。

（4）桥梁通过加固仍无法达到通过超重车要求时，可在原桥址附近修建临时便桥及便道或新建桥梁，保证超重车通行，也可另选通过线路。

6.3.2　加固方案

（1）小跨径梁桥和拱桥，在下部结构和地基承载力许可时，可在桥台处设临时支点，在桥面上临时架设钢板梁或钢桁梁全桥跨越，以供超重车直接行驶通过。

（2）对于多跨桥梁，当桥较长而无法采用全桥跨越时，若下部结构及地基承载力允许，可采用部分跨越法。在台、墩处的梁端部设临时支点架设钢梁，以减小临时钢梁跨度。

（3）梁式桥跨径较大，或下部结构及地基承载能力不足时，可另增加基础，采用竖向多点支承法或八字支撑法进行加固。

（4）当拱桥跨度较大、地基较好时，可采用拉杆加固法。

（5）其他用于加固上、下部结构及地基的方法，均可用于超重车过桥的加固措施之中。

6.4　超重车辆过桥的技术管理

超重车辆过桥时，应遵循以下规定：

（1）一般情况下，超重车辆应沿桥梁的中心线行驶。

（2）车辆以不大于5km/h的速度匀速行驶。

（3）不得在桥上制动、变速、停留。

（4）必要时可调整牵引车与平板挂车的行驶距离或让其分别通过桥梁。

（5）超重车辆过桥时，可酌情临时禁止其他车辆及行人通过。

超重车辆过桥时，应观测桥梁各部的位移、变形、裂缝等，并予以记录。必要时，还应观测应变、反力等。

不宜在行洪等可能发生灾害的时候组织超重车辆通过桥梁。

第7章　漫水桥、漫水路面养护

漫水桥、漫水路面的行车道两侧应竖立水深导向标柱，并保持完好，鲜艳醒目。水深导向标柱间距宜为4m，高出行车道顶面60cm，应定期涂刷油漆。

漫水桥、漫水路面的行车道宽度小于接线路段的行车道宽度时，应对停车视距长度范围内的接线路段采取压道措施，限制行车道宽度。

日常的养护内容和要求参见一般公路桥梁的相关部分。漫水桥的行车道应保持平整坚实，漫水期间能保障车辆正常通行。

在洪水期或流冰到来之前，对漫水桥做好以下预防工作：

(1)与气象部门、河道及上游水库管理部门保持联系，了解水文信息，以便做出计划安排，采取应急措施。

(2)修缮上下游的导流构造物，清除桥孔下及桥位上游的堆积体。

(3)加固、检修上部结构，对易被浮起的桥跨结构，应将各部件、块件连接成整体，加强基础的防护以抗冲刷。设有活动栏杆的应予拆除。

在洪水期间，要防止漂浮物堵塞桥孔，威胁桥梁安全。每次洪水、流冰过后，应及时进行下列检查和养护，确认行车有安全保障后方可放行交通。

(1)清除存留于桥梁各个部位、缝隙中的淤泥、杂物，并进行冲洗。

(2)修复破损、剥落、锈蚀的部件。清除桥孔下的淤积，保持水流顺畅。

(3)检修导流构造物的缺损部位，防止河流改道。

(4)桥头锥坡、翼墙如有冲空或下沉，应及时修补，并根据洪水流向进行改善加固。

(5)桥孔上游河段有严重淤积时，可做必要的开挖，也可做导流工程，如加大桥跨、桥长，提高桥高以利泄洪。

(6)清除的泥石在堆放时应注意环境保护。

第8章　调治构造物的养护与维修

8.1　调治构造物的日常养护

导流坝、丁坝、顺坝、格坝和透水坝等调治构造物，应保持良好的技术状况，引导水流均匀、顺畅地通过桥孔，防止和减少桥位附近河床和河岸的变迁，保证桥梁、桥头引道和河岸的安全与稳定。

洪水前后应巡查，及时清除调治构造物上的漂流物。

导流堤、梨形堤、丁坝或顺坝的边坡受到洪水冲刷和波浪冲击，坡脚发生局部破坏时，应及时抛填块石和铁丝石笼等进行防护。

对河道改变而增设的护岸工程，应注意坡面有无变化，基础是否牢固，发现缺损应及时处理。

河滩、河岸的路堤边坡外侧，可种植生长迅速、根系发达、枝叶茂密的乔木或耐水的灌木作为防护。其布置以乔、灌间种的多行带状或梅花式为宜。

8.2　调治构造物的维修与加固

将竹木、铁丝石笼等临时性的调治构造物有计划地改为浆砌块、片石或混凝土的永久性结构。

调治构造物由于洪水冲刷及漂浮物撞击，发生基础冲空，砌体开裂时，应及时维修。

若调治构造物不足以抗御洪水冲击，则应进行加固。可采用植草皮、干砌或浆砌片石、铁丝石笼、抛石等，亦可用梢捆、柴排、混凝土或钢筋混凝土板、土工织物等进行加固。加固时，应综合考虑水深、流速及波浪冲击等因素。加固的高度，淹没式的应加固至坝顶，非淹没式的应高于设计洪水位以上至少50cm。

河床冲刷严重，危及墩台基础时，可分别进行下列处治：

(1)水深较浅的，结合本指南第5章的有关规定，在枯水季节修整墩台基础冲空部分，中、小桥可对桥下河床做单层或双层片石铺砌，必要时可铺设挑坎防护。

(2)水深较深、施工困难的，可采用沉柴排、沉石笼、抛石护基等方法。

(3)对于流速过大或河床纵坡过大、冲刷严重的不通航小河，可在下游适当地点修筑拦沙坝。拦沙坝的高度、间距应根据河床的高程和纵坡确定，下游坝顶高程一般应与上游桥址处河床的高程相等。

通过观察,发现调治构造物的位置不当,数量、长度不合理,不能发挥正常作用时,应在洪水退后进行改善。

因河道变迁、流向不稳定,或因桥梁上下游河道弯曲形成斜流、涡流危及桥梁墩台、基础、桥头引道时,应因地制宜地增设调治构造物。新增的调治构造物的布设应进行多方案比选。调治构造物的增设与加固参见《公路工程水文勘测设计规范》(JTG C30—2002)。

第9章　桥梁灾害防治与抢修

9.1　一般规定

危害桥梁的主要自然灾害有洪水、冰冻、泥石流、地震等。应根据桥梁的水文地质条件,所在地的气象特征,结合对桥梁进行的技术检查,综合分析评估桥梁的抗灾能力及由灾害可能造成的损失程度。

对于桥梁灾害,应按"预防为主、防治结合、保证安全"的方针,积极防治,做到"治早、治小、治轻"以至根除隐患。应通过社会效益、技术经济的综合比较来确定治理措施。

重要的大中桥梁及易遭受灾害的桥梁,宜事先储备必要的材料和设备,制订应急预案。一旦发生灾害,及时组织抢修,抢修时应以尽快恢复交通为第一位,确保安全通行。确定抢修方案时,要考虑其在后期恢复工程中能够被充分利用。

9.2　水毁防治

9.2.1　防洪能力评定

(1)桥梁抗洪能力评定一般每3~6年进行一次。如遇设计洪水或超过设计的更大洪水,宜结合水毁调查,于当年进行一次抗洪能力评定。对经常受洪水威胁的山区公路桥梁宜每年进行一次抗洪能力评定。

(2)根据桥长及孔径大小、桥(孔)位置、桥下净空、基础埋深、墩台病害等情况,将公路桥梁的抗洪能力划分为"强、可、弱、差"四个等级。现场检查与测量后,按公路桥梁原有的技术等级进行检算评定。其评定标准见表2-9-1。

桥梁抗洪能力评定标准　　表2-9-1

等　级	评定标准
强	1.桥下实际过水面积满足设计要求,桥下净空符合规定; 2.桥(孔)位置合适,调治构造物设置合理、齐全,河床稳定; 3.基础埋深足够,基底埋深安全值满足要求;浅基础已做防护,防护周围的冲刷深度小于设计冲刷深度; 4.墩台无明显冲蚀、剥落

续上表

等　级	评定标准
可	1. 桥下实际过水面积基本满足设计要求，河道压缩小于10%，上部结构底面高程与设计水位相同； 2. 桥(孔)位置略有偏置；设置了调治构造物，调治构造物有局部缺损，河床基本稳定； 3. 基础埋深基本满足要求，基底埋深安全值满足规定的60%；浅基础防护基本完好； 4. 墩台有冲蚀、剥落，面积小于10%
弱	1. 桥下实际过水面积大于设计的80%，不满足设计要求或河道压缩小于20%；上部结构底面高程基本与设计水位相同； 2. 桥(孔)有偏置；调治构造物不齐全或有较大损坏； 3. 基础埋深安全值较低，在规定的30%～60%以内；浅基础防护有破坏； 4. 墩台有冲蚀、剥落，面积超过10%；有露筋及钢筋锈蚀
差	1. 桥下实际过水面积小于设计的80%，或河道压缩超过20%；上部结构底面高程低于设计水位； 2. 桥(孔)偏置；应设而未设调治构造物，或调治构造物严重损坏； 3. 基础埋深不够，基底埋深安全值在规定的30%以下；浅基础未做防护，或防护被冲空面积在20%以上； 4. 墩台冲蚀、剥落严重，面积超过20%；桩顶外露或有缩颈，墩台砌体松动、脱落或变形，露筋及钢筋锈蚀严重

在汛期应进行必要的水文观测，掌握洪水动态，并与当地气象、水文部门取得密切联系，及时收集洪水、雨水预报资料，或对沿河居民进行调查，了解洪水的发生情况、到达时间等，以判断对公路桥梁的危害程度。

将防洪能力评定及水文观测资料作为制订桥梁维修加固方案的依据。对抗洪能力评定为弱或差的桥梁，应及时进行处理。

9.2.2　水毁预防

(1)每年汛期前应对公路桥梁进行一次预防水毁的技术检查。其主要内容如下：

①桥梁墩、台、调治构造物、引道、护坡、挡墙结构是否完好，基础是否冲空或损坏。

②桥下有无杂草、树枝、石块等杂物淤塞河道，桥位上下游有无堆积物、漂浮物。

③桥梁上游河道是否稳定，水流有无变化，桥梁下游是否发生冲刷。

④有无挖沙、取石对桥梁上、下游河道造成的破坏情况。

⑤调查桥梁上游附近有无水库及其设计标准，是否存在病害隐患。

(2)为防止或减轻洪水对桥梁的危害，在雨季和洪水来临之前应进行下列水毁预防工作：

①做好河道清淤。

②修理、加固、改善或增设各类调治构造物及基础防护构造物。

③采取适当措施，防止漂浮物大量进入桥孔。

④做好抢险物资和设备的准备。

(3)在漂浮物较多的河流,为避免漂浮物撞击桥墩,可在桥墩前一定距离处设置防撞设施。其形式可根据水流缓急、水位高低、漂浮物多少、流量大小等选择,一般可采用单桩、群桩或三角形护墩等。

(4)在汛期应组织人员对所辖路线上的桥梁进行昼夜巡查,防洪指挥部门应实行全天24小时值班。小的水毁应及时进行处理排除;发生严重毁坏,危及行车安全时,应立即在桥梁两端设立警告标志或禁止通行的标志,组织抢修并及时向上级报告。

9.3　洪水期的抢险与维修

9.3.1　洪水期的抢险,应针对不同情况采取下列措施:

(1)监视漂浮物在桥下的通过情况,必要时用竹竿、钩杆等引导其顺利通过桥孔。对堵塞在桥下的漂浮物,应随时移开或捞起。

(2)洪水时,如桥梁墩台、引道、护坡、锥坡发生冲刷,危及构造物安全时,应采取抛石、沉沙袋或柴排等紧急措施进行抢护,但抛填不能过多,以免减少泄水面积而增大冲刷。抛填块石时,可设置临时木溜槽,以控制抛填位置。

(3)遇特大洪水,若采用抢险措施仍不能保障安全的重要桥梁,在紧急情况下,经上级主管部门批准,可用炸药炸开桥头引道宣泄洪水,以保护主桥安全度汛。

9.3.2　桥梁锥坡、路堤和导流堤等,应视不同情况,因地制宜地采取有效的防波浪措施进行防护。

9.3.3　便道、便桥的抢修。

(1)公路桥梁一旦被洪水冲毁而中断交通时,应安排车辆绕行,并组织抢修便桥、便道,尽快恢复交通。

(2)在抢修便道、便桥时,应遵循下列原则:

①便道、便桥应选择在被毁桥梁附近较窄的河段上,两岸地形较高、工程量较小处,且不会影响恢复原桥或新建桥梁的施工。

②便道、便桥应就地取材、施工方便,有利于快速建成。

③在宽滩性河流上修筑便道、便桥时,可采用漫水式,必要时应对便道上、下游边坡作防冲处理。

④便桥可采用较小跨径及较短桥长,能满足渲泄水流最低要求即可,可采用钢梁桥或木桥,宜用简单的结构形式。无论何种便桥,必须满足承载能力和稳定的要求。

⑤漫水便道、便桥应设置鲜明的警示水位标志,限速、限载标志及行车道宽度标志。

⑥便道、便桥宽度可根据通行要求确定,一般不小于4.5m。

⑦便道、便桥附近应备有应急的抢修物资,以随时修复便道、便桥的损毁,保证交通。

9.4　冰害防治

9.4.1　预防冰害的措施

(1)应根据以往的治理情况,结合现场调查,对桥梁冰害进行分析研究,以制订预防和抢修措施。

(2)对于河流水源不大、入冬后河面结冰,且冰面上升造成桥孔被堵或在路上形成冰坝的情况,可选择下列方法进行防护:

①桥梁上游如有大片低洼地,可用土坝截流。

②河床纵坡不大的河流,可于入冬初在桥位下游修筑土坝,使桥梁上、下游约 50m 范围形成水池。水面结冰坚实后,在水池上游开挖人字形冰沟,同时在下游河床最深处挖开土坝,放尽池内存水,保持上下游进、出水口不被堵塞,使水从冰层下流走。

③在桥位上下游各 30 ~ 50m 的水道中部顺流开挖冰沟,用树枝、柴草覆盖,再加铺土或雪保温,并经常进行检查维修,使冰沟不被冻塞,解冻开始时将其拆除。

(3)防止流冰对桥梁墩、台、桩的危害,可采取下列防护方法:

①解冻前,对桥梁上游 5km 河道中的冰层及其厚度进行调查、测探。为防上流冰威胁桥梁安全,应备足抢护材料、工具和照明设备。在流冰期由专职小组进行检查、观测和抢护。并提前在桥边设置悬梯,在墩台和破冰体之间搭设跳板以利抢护工作进行。

②解冻临近时,在桥位下游用人工或爆破方法开挖冰池。开挖长度为河面宽的 1 ~2 倍,宽度为河面宽的 1/3 ~1/4,并不小于最大桥跨。当河面宽度小于 30m 时,开挖长度宜增加到河面宽的 5 倍,冰池下游应开凿 0.5m 宽的横向冰沟。当冰块很厚有强流冰发生时,可在桥台、墩、桩、破冰体周围及桥位下游 20 ~25m 范围内,开挖纵横冰沟。对冰池、冰沟应经常检查,若有冻结应反复捣开。危急时刻,可在下游用撬棍、长杆、钩杆等工具,将凿开的冰块逐一送入冰层下流走。

③流冰临近时,应清除上游冰层。冰层厚度在 30cm 以下的,可用人工撬拨,大于 30cm 的,宜用炸药炸碎。对较大的流冰体,应在上游用炸药炸碎。

9.4.2　冰凌爆破

为防止桥梁遭受冰害,一般在解冻前采用爆破法在桥墩四周炸出宽 0.5m 的冰槽,或用爆破法开凿流冰槽。当大量冰排聚集在桥梁附近时,应及时进行爆破送走冰排。

9.5　冻害防治

位于寒冷地区的桥梁,因墩、台、桩、调治构造物的基础埋深不足,出现基础冻胀、融沉、桩基冻拔、翼墙开裂等冻害时,根治的办法是通过改建,将基础埋置于冰冻线以下一定深度。

9.5.1　融沉防治

防治融沉主要采用保护覆盖法,即尽量不破坏基础周围的地表覆盖层,尤其对草皮和泥炭层更应注意,以减少热量散失。对已发生轻微融沉的桥梁,应在融化前采用隔热保冻措施,用隔热性好的材料或土壤换填铺覆,保证地基土处于冻结状态。

9.5.2　冻胀防治

其主要措施如下:

(1)基侧换填抗冻胀性能较好的砂砾等。

(2)改善基础侧面光滑程度,减小对基础的冻结力。

(3)在冻土层内的桩壁加分离式套管。

9.5.3　桥台水平冻害防治

(1)增强桥台抗冻胀能力。可用锚杆、锚碇板来平衡水平冻胀力,或将八字墙与前墙连成整体,增加台身配筋等。发生冻害后的处理,可参见第5章桥台加固的条款。

(2)减弱水平冻胀力。可采用换填、排水和保温措施。如在台背换填不冻胀的纯净砂砾,在台背设排水盲沟及在台背和路面下层铺设保温材料。

9.6　泥石流防治

泥石流的防治,应遵循下列原则:

(1)当桥梁位于经常发生黏性泥石流的河段及规模较大的稀性泥石流河段时,可考虑改线绕避,无法绕避时须采取治理措施。

(2)调治构造物的布设,应根据桥梁所在位置的地形、沟槽宽度、泥石流性质、流势等综合考虑,宜导不宜挑。

(3)与有关部门协商,进行工程和生物防治与水土保持相结合的综合治理。

在泥石流形成区,采取平整山坡、填筑沟槽、修建阶梯及土埂等措施控制水土流失和防止滑塌发生。在泥石流流经区,可在储淤条件较好处修建拦挡坝及停淤场。可根据实际情况采用挑导坝、丁坝、导流堤相结合的综合调治措施。

第10章　涵洞的养护与维修

确保涵洞行车安全、排水顺畅和排放适当；保持涵洞结构及填土完好；维护涵洞表面清洁、不漏水。

涵洞的洞口应保持清洁，发现杂物堆积应及时清除。涵洞内应保持排水畅通，发现淤塞应及时疏通。

洞口和涵洞内如有积雪应尽快清除，被清除的积雪应堆放在路基边沟以外。经常积雪或积雪较深的涵洞，入冬前可在洞口外加设栅栏，或用柴草捆封洞口，融雪时及时拆除。

涵底铺砌、洞口上下游路基护坡、引水沟、汇水槽、沉砂井发生变形时，均应及时修理。

涵底铺砌出现冲刷损坏、下沉、缺口应及时修复。路基填土出现渗水、缺口应及时封塞填平。

涵底和涵墙出现渗漏水，应查明原因，分别采取下列方法处治：

(1)疏通水道，使洞口铺砌与上下游水槽坡道平齐顺适。

(2)保持洞内底面平顺，并有适当纵坡。

(3)用水泥砂浆对涵底和涵墙重新勾缝。

涵洞出水口的跌水构造应与洞口结合成整体，若有裂缝应及时填塞。

浆砌石拱涵的砌体表面风化、开裂、灰缝剥落，局部石块松动、脱落，或砌体渗漏水，可分别按下列方法处理：

(1)用水泥砂浆重新勾缝，或局部拆除后重砌。

(2)表面抹浆或喷浆。

(3)在砌体背后压注水泥砂浆或化学浆液。

(4)加设管内衬砌。

(5)挖开填土，对砌体进行维修处治，并加设防水层。

混凝土管涵的接头处和有铰点接缝处发生填缝料脱落，引起路基渗水时，应及时封堵处理。可用干燥麻絮浸透沥青后填实，或用其他黏弹性材料封堵，不宜用灰浆抹缝，以免再次脱落。

压力式涵洞进水口周围路堤发现渗流、空洞、缺口或冲刷现象时，应及时进行修补处理。洞口周围路基可用不透水黏性土封堵，洞前做铺砌或修挡水墙。

压力式涵洞或倒虹吸管的涵顶路面出现浸渍，应及时处理。可采用对涵内顶部表面抹浆、喷浆或衬砌的方法处理。

涵洞进、出水口处如已严重冲刷，可采用下列方法维修：

(1)位于陡坡上的涵洞或直接受水流冲击的涵洞,其入口处应采取适当的防护措施。

(2)用浆砌块石铺底,并用水泥砂浆勾缝。铺砌长度视土质和流速而定,铺砌的末端应设置混凝土或浆砌块石抑水墙。

(3)流速特别大的涵洞,应在出水口加设消力设施,如消力槛、消力池等。消力槛的末端应设置混凝土或浆砌块石抑水墙,或设置三级挑槛。

涵洞经常发生泥沙淤积时,可在进水口设沉沙井,以沉淀泥沙、杂物。

管涵的管节因基础沉陷而发生严重错裂时,应挖开填土处理地基,再重建基础。也可直接采用对地基及基础压浆的方法处理。

有铰涵管如变形大于直径的1/20时,应查明原因进行处理。

波纹管涵发生涵管沉陷、变形时,应挖开填土进行修理。管底应按土质情况做好垫层,管上加铺一层防水层,并注意对回填土分层夯实。

涵洞的侧墙和翼墙,如有倾斜变形发生,应查明原因后加以处理。如因填土未夯实发生沉落,或填土中水分过多土压力增大而引起的,应更换透水性好的填土并夯实;如属基础变形引起的,则需要修理或加固基础。

因加宽或加高路基导致涵洞长度不足时,应接长处理。一般可将原涵洞洞身接长,两端新建洞口端墙和路基护坡;当路基加高、加宽不多时,也可采用只加高两端洞口端墙或加高、加长洞口翼墙的方法。

承载力不足的涵洞应进行加固或改建,可分别采用下列方法:

(1)挖开填土,用混凝土或钢筋混凝土加大原涵洞断面。

(2)涵内用混凝土或钢筋混凝土预制块衬砌加固,或用现浇衬砌进行加固。

(3)挖开填土,用新构件分段进行更换改建。

当涵洞位置不当、过水能力不足时,应进行改建。改建施工宜分段进行,并做好接缝的防水处理。

第 11 章　养护管理

11.1　一般管理

公路养护应加强技术管理，严格遵守和贯彻执行有关公路技术标准、规范和规程，以提高公路养护质量和服务水平。

公路养护技术管理的内容包括：公路养护信息化管理、养护工程管理、公路检查和档案管理等。

公路养护技术管理应本着服务及保畅的原则，大力推行技术创新和制度创新，不断提高公路养护技术水平和管理水平。

各级公路管理机构应建立健全公路养护管理制度，领先现代科技手段，逐步建立公路养护信息化管理平台。

11.2　信息化管理

公路养护技术管理应建立公路数据库作为基础平台，所有公路基本信息采用计算机进行储存和管理。各地公路管理机构应根据现行有关公路数据库标准的要求，逐步建立完善省、市、县各级公路数据库系统。

公路数据库的内容应包括公路几何数据、路面结构数据、公路养护历史数据、交通量和轴载数据、桥涵及路基防护构造物数据、安全保障工程设施数据、绿化植物数据、路域环境数据等基本数据资料，以及路面结构强度、路面破损、路面平整度和路面抗滑等路面数据和交通事故数据。

公路基本数据采集以公路竣工文件为主要依据，并结合现状调查进行。当公路大修或改建后，数据应及时进行更新。路面状况数据应现场采集，并应尽量采用高效检测仪器进行数据采集。

公路数据信息包括：文字信息、数字信息和图片信息。数据的采集和整理以路段（一般为 1km）为单位。路域环境信息除文字和数字信息外，宜每百米拍摄一张全景式数码照片作为图片信息存入数据库。路域环境图片信息也可用前方图像系统采集的连续录像信息代替。

各地应创造条件在公路数据库的基础平台上，根据需要建立起地理信息系统（GIS）以及路面管理系统、桥梁管理系统、隧道管理系统、公共信息服务系统等应用系统。

11.3　养护工程管理

各级公路管理机构应定期组织对公路路况进行调查,正确评价和掌握公路技术状况,并通过动态分析各种病害产生的原因、机理和变化规律,科学预测路况发展趋势,为养护工程决策提供科学依据。

养护工程应引入竞争机制,推行招投标制度、工程监理制度和合同管理制度。对于大中修工程,应由具有相应资质的单位进行施工和监理。对于改建工程,应按照工程建设管理的规定,对设计、施工和监理实行招投标制度。

各级公路管理机构应严格养护工程管理程序,完善重大工程项目的报批和审查制度;对技术难度较大的工程项目,应组织专家进行技术论证。

公路大修或改建工程项目,应由具有相应资质的设计单位进行勘测设计。

各级公路管理机构应加强对养护工程的中间检查。

养护工程完工后,必须符合以下条件才能接养:

(1)经竣工验收为合格工程。

(2)公路编号、命名以及相应的交通工程及沿线设施系统设置规范、完善。

(3)各项竣工文件、档案资料齐全。

11.4　公路检查

各级公路管理机构应坚持和完善公路检查制度,定期对公路进行检查,及时、准确掌握公路路况质量和使用品质,评价和考核公路的运营性能以及公路养护生产和管理工作成效。

公路检查的内容包括:公路技术状况、日常养护情况、养护工程实施情况、养护计划和管理制度的执行情况等。

公路检查应做到科学、合理,考核评定应客观、公正,检测手段应先进、准确。应对公路主要技术指标进行全面检测或抽检,客观地评价公路路况和养护水平。公路检查的评价标准按现行《公路技术状况评定标准》(JTG H20—2007)执行。

公路因遭受洪水、台风、积雪等自然灾害毁坏或人为破坏,造成交通中断时,沿线养护道班(工区、站)应调查了解情况,并迅速向县级公路管理机构报告;受损线路为国省干线时,应立即上报到省级公路管理机构,国道应上报交通运输部。

应加强对收费公路,特别是经营性收费公路的监督检查,以保障收费公路的服务水平。

多雨地区或公路水毁多发地区的公路管理机构,应加强雨季公路检查。

11.5　档案管理

11.5.1　公路养护档案管理应符合的规定

(1)公路养护档案工作应遵循“统一管理、分级负责”的原则。

(2)公路养护应严格执行工程档案管理有关规定,公路工程所形成的档案应及时归档,并由档案管理部门实行集中统一管理,不得由承办部门和个人分散保存。

(3)应建立档案管理制度,由专人负责管理。

(4)公路养护工程的计划、统计、审计、机械设备、设计文件、竣工档案等信息资料,应按相应的管理规定进行管理。

(5)建设单位应对养护工程原工程档案组织设计,施工单位据实修改、补充和完善。对改变的部位,应当重新编制工程档案,并在工程验收后3个月内向相应的档案管理部门移交。

(6)应积极采用先进技术,逐步实现档案管理现代化。

(7)公路养护档案应对小修保养、中修工程、大修工程和改建工程分别立卷归档。

11.5.2　档案整理应符合的要求

(1)公路养护技术档案应每年按照档案要求分类整理,装订成册,编好目录,分类归档。

(2)立卷应遵循工程文件的自然形成规律,保持卷内文件的有机联系,便于档案的保管和利用。

(3)档案资料应进行科学组卷,每单位工程为一卷,如文件材料较多时可分为若干册。

(4)卷内文件排列顺序一般为封面、目录、文件材料部分。

(5)文件应字迹清楚,图样清晰,图表整洁,签字盖章手续完备。

11.5.3　档案的保存与使用应符合的要求

(1)加强档案的保存与管理,遵循“统一管理、分级负责”的原则。

(2)档案保管分别按永久、长期和短期三种期限进行系统排列。

(3)安放档案的档案室管理应贯彻“预防为主,防治结合”的方针,认真做好防盗、防火、防光、防潮、防尘、防污染、防有害生物等“七防”工作。

(4)坚持库房检查制度和库房温湿度记录制度,注意调节和控制库房的温湿度,确保档案的安全。

(5)档案管理部门应建立定期检查库存档案和设备制度,并做好检查记录。对破损和字迹模糊或变质的档案,应及时修补或复制。对库存档案发现可疑情况或者发生意外事故时,应及时进行检查。

(6)档案的使用应遵循“严守国家机密,禁止涂改抽拆,切勿私自携出,不得转借散失，妥善保护案卷，用毕及时归还”的原则。

11.5.4　电子档案

(1)设计图纸应数字化保存。

(2)应建立动态公路设施基础数据库，做好路面管理系统、桥梁管理系统、隧道管理系统、基础数据库的软件备份及数据更新和备份。

(3)应做好文字、数据、影像记录等电子文件的保存和维护，逐步实现技术档案电子化。

(4)应保证电子文件信息安全。

(5)逐步建立档案信息化检索体系。

第 12 章　公路养护作业安全

12.1　一般规定

公路养护维修作业必须保障养护维修作业人员和设备的安全，以及车辆运行的安全。在进行养护维修作业前，应制订安全保障方案。

公路养护维修作业单位应建立安全管理制度，实施对养护维修作业人员的安全培训和教育。养护维修作业人员必须接受安全技术教育，遵守各项安全技术操作规程。

公路养护维修作业单位或经营单位应加强养护维修作业安全的管理。各级公路管理机构应加强对养护维修作业安全的监督和检查。

养护维修作业的安全设施在未完成养护维修作业之前应保持完好，任何人不得随意撤除或改变安全设施的位置，扩大或缩小控制区范围，以保证养护维修作业控制区的安全。

12.2　养护作业安全

凡在公路上进行养护维修作业和管理的人员必须穿着带有反光标志的橘红色工作服装。

公路路面养护维修作业应按作业控制区交通控制标准设置相关的渠化装置和标志，必要时应指派专人负责维持交通。在可能发生山体滑坡、塌方、泥石流及高路堤、陡边坡等路段养护维修作业，必要时应设专人观察险情，严防安全事故发生。

养护维修作业人员应在控制区内作业和活动，养护机械或材料不得堆放于控制区外。

公路桥梁、涵洞、隧道养护现场，应专门设置养护维修作业的交通标志。在桥梁栏杆外侧和桥梁墩台进行养护维修作业时，必须设置有效的安全防护设施，作业人员必须系安全带。

12.2.1　隧道内养护作业应遵守的规定

(1)养护施工路段内的照明应满足要求，并设置必要的安全设施。

(2)注意观察和控制隧道内的有害气体浓度，做好通风工作。

(3)隧道内禁止存放易燃易爆物品，严禁烟火。

(4)电子设施等对维护安全有特别要求的，应按相关安全规程执行。

12.2.2　特殊条件下的养护维修作业应符合的要求

(1)高温季节实施养护作业,应按劳动保护规定,采取防暑降温措施,并适当调整作息时间,尽量避开高温时段。

(2)冬季养护维修作业时应采取保温防冻等安全防护措施,除雪作业时应加强交通管制,并对作业人员、作业机械加强防滑措施。

(3)雨季养护作业应做好防洪排涝工作,加强防水、防漏电、防滑、防坍塌等措施。如遇暴风雨应停止作业。

(4)大雾天不宜进行养护维修作业,当必须进行抢修作业时,应采取封闭交通,并在安全设施上设置黄色施工警告灯等安全设施。

(5)夜间养护维修作业,现场必须设置符合操作要求的照明设备。

12.2.3　山区养护维修作业时应遵守的规定

(1)在视距条件较差或坡度较大的路段进行养护维修作业,必要时应设专人指挥交通,作业控制区应增加有关交通安全设施。

(2)控制区的施工标志应与急弯标志、反向标志或连续弯标志等并列设置。

(3)在同一弯道不得同时设置两个或两个以上养护维修作业控制区。

(4)养护维修作业人员在作业时应戴安全帽。

12.2.4　清扫、绿化养护及道路检测作业时应遵守的规定

(1)严禁在能见度差(如夜间无照明设施、大雾天)的条件下进行人工清扫。

(2)一级公路路面清扫应以通过路面清扫车进行机械清扫路面为主,二级及二级以下公路路面清扫可以机械清扫和人工清扫相结合,当进行人工清扫路面时,应采取安全防护措施。

(3)凡需占用车道进行绿化作业时,必须按作业控制区布置要求设置有关标志。

(4)一级公路中央分隔带、边坡绿化浇水作业时,浇水车辆尾部应安装发光可变标志或按移动养护维修作业控制区布置。

(5)道路检测车、路面清扫车、护栏清洗车等在一级公路进行道路性能检测和作业时,凡行进速度低于50km/h时,应按临时定点或移动养护维修作业控制区布置,或在设备尾部安装发光可变标志。

加强养护维修机具的操作安全防范和维修保养。养护机械的操作、维修和保养按有关规定执行。

养护维修作业控制区由警告区、上游过渡区、缓冲区、工作区、下游过渡区和终止区组成。

各项养护维修作业控制区的布置和长度应保证公路养护维修作业人员、设备和过往车辆的安全。

养护维修作业安全设施的设置与撤除应遵守以下程序:当进行养护维修作业时,应顺着交通流方向设置安全设施;当作业完成后,应逆着交通流方向撤除为养护维修作业而设置的有关安全设施,恢复正常交通。

附录 A　钢筋混凝土及预应力混凝土桥的养护

在农村公路的众多桥梁中,大量地使用了短跨度普通钢筋混凝土和预应力混凝土简支梁。其中,50m、60m 的多为预应力混凝土箱形梁;25 ~ 45m 的为预应力混凝土 T 梁或工形梁;20m 及其以下的为空心板,而 20m 和 16m 为预应力混凝土空心板,其余则为普通钢筋混凝土空心板。本节重点介绍混凝土及预应力混凝土简支梁桥的养护。

A.1　简支梁的常见缺陷及成因

普通钢筋混凝土及预应力混凝土是桥梁结构中常用的材料,在制造或运营期间可能产生裂纹、保护层剥落、空洞、蜂窝、麻面、露筋等。它们的危害程度与缺损的类型、发展性质和出现的部位有关,有时对结构的耐久性影响较大。

裂缝是桥梁缺陷的集中表现,也是桥梁中最常见的病害,大量的工程实践和理论分析表明,钢筋混凝土构件基本上都是带裂缝工作的。在《公路桥涵养护规范》(JTG H11—2004)中,将常用结构的裂缝宽度限制在 0.2 ~ 0.25mm 的范围以内,当裂缝宽度在限定值以内时,大气中的湿气、水分一般是难于大量渗透到钢筋上,因而钢筋不会受到严重锈蚀,结构的耐久性也不会因此而受到明显影响。当裂缝超过限值时应进行修补,以保证结构的耐久性。在预应力混凝土梁中,裂缝的危害性更大,湿气、水分渗透到钢丝上,引起钢丝锈蚀。由于钢丝的直径比钢筋小得多,因而锈蚀对钢丝的影响比钢筋厉害得多。因此在预应力混凝土梁中,对裂缝控制得更加严格。

混凝土开裂的原因很多,归纳起来有以下方面:

(1)由外荷载应力引起的裂缝。

(2)由变形引起的裂缝,即主要由温度、干缩、不均匀沉陷或膨胀等变形产生应力而引起的裂缝。

(3)碱骨料反应、钢筋锈蚀等引起的裂缝。

普通钢筋混凝土简支梁常见裂缝见表 2-A.1-1,预应力混凝土简支梁常见裂缝见表 2-A.1-2。

影响混凝土梁耐久性的缺陷除裂缝外,还有梁体表面渗漏、风化、保护层剥落、露筋及钢筋锈蚀等。

普通钢筋混凝土简支梁常见裂缝　　表2-A.1-1

种　类	状　　态	原　因
1. 网状裂纹	(1)裂纹多属表面龟裂,无固定规律,其深度不致触及钢筋; (2)宽度很小(0.01～0.05mm),宽度在0.05m时肉眼可见,以手触之有凸起之感	混凝土梁表面与内部收缩不均匀
2. 下翼缘受拉区的短细竖裂纹	(1)裂纹在跨中分布较密(间距约0.1～0.2m),两端逐渐减少; (2)裂纹大致与主筋垂直,由下翼缘向上发展,至下梗肋即告终止; (3)宽度较细,一般在0.03～0.1mm之间,跨度在10m以下的梁裂纹宽度多在0.03mm以下; (4)一般在动载作用下变化不大,经过较长时间运营已趋稳定	梁受力产生挠曲
3. 横隔板处竖向裂纹	(1)在梁端及腹板变断面的梁上均有发生,由棱角边缘向上延伸,焊缝焊趾开裂; (2)宽度0.2～0.3mm	由于偏载、扭转(支座不平)等两片梁受力不均;竖直剪力及腹板厚度剧变处应力集中等
4. 人行道长悬臂上平面顺梁长纵向梁纹	(1)一般裂纹由梁端向跨中延伸; (2)裂纹宽度0.2mm以上	由于振动所引起,如该处钢筋位置放得过低,也会发生裂纹
5. 腹板上竖向裂纹	(1)是运营线上最常见、最严重的一种,梁的跨度越大,裂纹越宽越长; (2)跨度12～20m变截面梁普遍存在于腹板较薄部分,在梁半高线附近裂纹宽度较大;跨度6.7～10m等截面梁裂纹较少,多分布在跨间1/4跨长范围内,最宽裂纹在主筋以上部位附近;跨度5.5m以下的梁则少见; (3)裂纹宽度一般为0.2mm,最大为0.5mm,间距无固定规律; (4)Π形梁一般以外梗外侧居多,当外梗外侧裂纹宽超过0.2～0.3mm时,其内侧均有相应裂纹; (5)裂纹在混凝土灌注两、三个月后陆续发生,经荷载作用裂纹发展,数量增多(质量好的梁则变化不大),随梁的使用时间增长而逐渐停止发展; (6)变截面梁裂纹由中间向上下两端延伸,等截面梁裂纹由主筋以上向上延伸,上端未到达腹板顶部,外梗外侧面裂纹随使用期增长而增多,其他面变化不大,如外侧侧面裂纹发展过甚,可使内侧重新开裂形成环状或对裂	是混凝土收缩和外力作用的综合产物。施工不良者以外力为主,正常情况下以收缩为主

续上表

种　类	状　态	原　因
6. 腹板斜裂纹	(1)也是钢筋混凝土梁中最多的一种裂纹,各种跨度均有发生,但10m以下裂纹较少,其倾斜角也较小; (2)跨度12~20m梁裂纹分布在距支点1m至1/4跨度处,最宽0.4mm(少数),一般0.2~0.3m,与水平轴成45°~60°;跨度8~10m梁端部腹板虽较厚,但有时也有裂纹; (3)变截面梁斜裂纹在梁半高线附近宽度最大,向两端发展形成枣核状;等截面梁斜裂纹在主筋附近宽度最大; (4)外梗斜裂纹比内梗多,宽度超过0.2mm者,两侧多形成对裂; (5)裂纹间距为0.5~1.0m,裂纹由几条至几十条不等; (6)斜裂纹在梁的每个侧面的分布规律与剪力分布相符	(1)主拉应力作用; (2)混凝土收缩作用; (3)外力产生的扭转作用; (4)斜裂纹多的梁,施工质量一般有问题
7. 顺主筋方向的纵向裂纹	(1)裂纹顺主筋方向延伸,长度可发展得很长,最严重的长达跨度一半,宽达4mm; (2)这种裂纹对结构有很大的危害,它破坏钢筋和混凝土的共同作用条件(黏着力),可使钢筋应力骤增,以致突然破坏	(1)主要是混凝土中掺用了氯化钙,因氯化钙的存在,水分渗入钢筋发生电化学锈蚀作用,锈蚀膨胀使混凝土胀裂; (2)施工不良,保护层过薄或有蜂窝,钢筋锈蚀混凝土被胀裂

预应力混凝土简支梁常见裂缝　　表2-A.1-2

种　类	裂纹状态	原因分析
1. 桥面板横向裂纹	(1)发生在断面削弱部位(中间几个泄水孔),一般比较轻微,严重的可达上梗肋外,个别可裂到腹板中部: (2)有时在1/4跨度附近出现,多数贯通上翼,有些则仅出现在上翼一侧,裂纹状如刀切,一般宽度0.1~0.2mm,个别达到0.8mm; (3)在无外荷载作用的情况下,随着徐变上拱,此种裂纹将继续发展或产生新的裂纹; (4)当桥面铺设上部结构物之后,即处于受压状态,这类裂纹在经过环氧树脂修补之后,在使用过程中不再开裂	(1)上翼缘拉应力设计值过大; (2)桥面断面局部削弱处应力集中; (3)存梁起吊运梁时支点内移,加大上翼缘拉应力; (4)横移拖拉,不均匀移动使桥面横向受拉; (5)桥面混凝土强度不足
2. 沿梁端钢丝束的裂纹	(1)裂纹与钢丝束方向一致,在后张法中通常在端部扩大部分,裂纹比较细小,长度在2m及以上,宽度0.1~0.2mm,深度约35mm,在厂内时裂纹很少发现,但可能已有微裂,在运营中受各种因素作用而逐渐显露; (2)先张法预应力梁有直线配筋的单向预应力与双向预应力两种,由于钢丝束布置方式的不同,端部裂纹亦不同,裂纹始于张拉端面,近水平状向跨中延伸,通常位于自梁底起50~130cm高度范围内,一般有1~5条,宽度0.1mm,长度延伸至扩大部分变截面处	(1)后张法梁多由于端部集中应力所致,张拉时垂直应力达2.17MPa(21.7kgf/cm),主拉应力达2.75MPa(27.5kgf/cm); (2)先张法由于采用直线配筋,无后张法梁中的弯起钢丝束,全部钢丝束均集中在下缘,上缘仅1~2根钢丝束,且两组钢丝束相距很远,而预应力在梁端传递有一定范围,由于局部应力在两组钢丝束的中间部分的梁端混凝土处于受拉区,从而发生水平裂纹

续上表

种　　类	裂纹状态	原因分析
2. 沿梁端钢丝束的裂纹	(1)裂纹与钢丝束方向一致,在后张法中通常在端部扩大部分,裂纹比较细小,长度在2m及以上,宽度0.1~0.2mm,深度约35mm,在厂内时裂纹很少发现,但可能已有微裂,在运营中受各种因素作用而逐渐显露; (2)先张法预应力梁有直线配筋的单向预应力与双向预应力两种,由于钢丝束布置方式的不同,端部裂纹亦不同,裂纹始于张拉端面,近水平状向跨中延伸,通常位于自梁底起50~130cm高度范围内,一般有1~5条,宽度0.1mm,长度延伸至扩大部分变截面处	(3)先张法采用埋在混凝土内部的锚头时,因锚头处应力集中和锚头的楔形作用,导致该处附近产生细小的水平裂纹; (4)端部混凝土质量最差(砂浆过多)
3. 下翼缘的纵向裂纹	(1)早期生产的预应力梁,沿管道的裂纹相当普遍,1964年后由于改善梁体的构造以及采用底模振捣和胶管制孔等工艺,梁体质量提高,但仍有不同程度的较细小的纵向裂纹; (2)裂纹多发生在端部第一、二节间的下翼缘侧面,及梁底或腹板与下翼缘交界处,但也有少数在腹板上; (3)裂纹一般都位于最外一排的钢丝束部位,通常在锚头后面或压浆孔附近首先开裂,然后沿钢丝束走后向,继续延伸至第二横隔板为止,个别向跨中延伸	(1)下翼缘受过高的纵向预压应力,导致梁体产生过大的横向应变; (2)管道处保护层较薄,压浆时又受近1MPa的压力,故易沿管道发生裂纹
4. 腹板竖向裂纹	(1)厂制过程中的一种主要裂纹,一般出现数量不多,大多在脱模后第二天发生; (2)裂纹长度一般在50cm以上,发生在两隔板的中部较多,裂纹宽度为0.05~0.2mm,呈枣核状,中间宽两端窄,裂纹大致由腹板的半高线向上下延伸; (3)有的裂纹通常从上梗肋至下梗肋,个别严重的桥面及梁底部都有断裂,宽度为0.2~0.4mm; (4)预施应力后,裂纹大部分闭合,但孔道压浆时还会从裂纹中挤出浆来; (5)仅限于腹板部分的竖向裂纹在静载试验中证明对梁体结构性能无多大影响,但梁底裂通的梁,尤其裂纹处于跨中附近时,则由于丧失下翼缘混凝土本身的抗拉强度,导致梁体挠曲抗裂性显著降低	(1)混凝土收缩,这与水泥品种、混凝土用水量及养护等因素有关; (2)温差,即梁体制造时内外温度不一致(梁体内混凝土温度最高可达60℃左右);纯熟料水泥水热高,产生的温度应力也比较大,裂纹也较为严重
5. 桥面板及下翼缘斜面上的龟裂	(1)裂纹的方向无固定规律,长度不大,但有的裂纹很宽,达1~2mm; (2)下翼缘斜面上,由于水泥砂浆容易聚积该处,龟裂现象较普遍	主要为表面有浮浆,由于干缩所造成

续上表

种　类	裂纹状态	原因分析
6. 上翼缘底面竖向裂纹	有这类裂纹的梁片不多。裂纹宽度在0.1mm左右,裂纹不延伸至梁面	蒸汽养护,钢模升温较快,因钢模伸长多于混凝土而拉裂
7. 上梗肋桥面板底部的纵向裂纹	在第一个节间出现的机会较多,常发生在桥面板底部变坡的折线处,桥面板上却看不到这种裂纹	脱模时顶裂,因端部梁形较复杂,故出现机会较多
8. 横隔板裂纹	(1)在厂制过程中已发生一些不规则的裂纹,在拆模过程中往往也有发生,有的出现在横隔板与腹板交接处,长度甚至延伸至隔板与翼底面交接处,裂纹宽0.05~0.2mm,多出现在隔板一侧; (2)运营中的预应力梁有两种横隔板裂纹:一种是横隔板留方孔的,裂纹在方孔下角处的垂直方向,有的裂通,宽度约0.1mm;另一种是整体式横隔板,裂纹由隔板底部垂直向上,运营中有所发展,最长至桥面板交界处,宽度一般小于0.1mm; (3)此种裂纹与普通钢筋混凝土梁的隔板裂纹性质完全一样,由于预应力梁的隔板未受到预应力的作用	(1)收缩和拆模顶裂; (2)中间隔板裂纹多,由于运营中偏载和扭转(线路和主梁轴线不重合)产生垂直剪力所造成;端横隔板的裂纹还与支座不平及活动支座转动不灵活有关(如以往采用活动支座的摇轴上下圆弧的圆心不在同一点上,在荷载作用下转动不灵活,在温度影响下,还可能出现摇轴突然转动现象); (3)内外侧梁体受太阳照射的程度不同,向阳的梁因温升膨胀,使隔板承受弯矩
9. 端部斜向裂纹	(1)这种裂纹近年来发现不多,早期预制梁则较普遍,一般发生在具有犁状内锚的先张法梁内; (2)端部腹板上的斜裂纹少则1~2条,多则4~5条; (3)裂纹倾斜度以靠近梁端者较大,近跨中者较小,与水平轴成25°~45°倾角; (4)裂纹中间宽两头窄,宽一般0.1mm,严重者0.3mm,长0.5~1.1mm;个别严重者延伸到上梗肋,继续向跨中延伸至第一横隔板以后,渐趋稳定	(1)主拉应力过大; (2)内部锚头产生局部应力

A.2　混凝土梁桥常见病害及采用的处理方法

(1)对梁(板)体混凝土的空洞、蜂窝、麻面、表面风化、剥落等应先将松散部分清除,再用高强度等级混凝土、水泥砂浆或其他材料进行修补。新补的混凝土要密实,与原结构应结合牢固、表面平整;新补的混凝土必须养生。

(2)梁体若发现露筋或混凝土保护层剥落,应先将松动的保护层凿去,并清除钢筋锈迹,然后修复保护层。如损坏面积不大可用环氧砂浆修补,如损坏面积过大可用喷射高强度等级水泥砂浆的方法修补。

（3）梁（板）体的横、纵向联结件开裂、断裂、开焊，可采用更换、补焊、帮焊等措施修补。

（4）混凝土桥梁的裂缝处理：

①当裂缝的宽度在限值范围内时，可采用封闭处理，一般涂刷环氧树脂胶。

②当裂缝的宽度大于限值规定时，应采用压力灌浆法灌注环氧树脂胶或其他灌缝材料。

③当裂缝发展严重时，应加强观测，查明原因，按照《公路桥涵养护规范》（JTG H11—2004）的有关规定进行加固处理。

④预应力混凝土梁，对于全预应力及部分预应力 A 类构件，正常使用条件下不允许出现裂缝，只有 B 类构件允许出现裂缝。对于不允许出现裂缝的桥梁，不论裂缝宽窄，都应查明原因并进行处理或加固。

⑤防护化学侵蚀。空气、雨水、河流中含有对混凝土和钢筋有侵蚀的化学成分时，应对桥梁结构进行防护。

A.3　混凝土梁桥加固方法及使用范围

目前，国内有相当一部分桥梁，在修建年代时，荷载等级仅适应当年的要求，因而按当时荷载等级设计的桥梁，面对今天交通事业的发展，已表现出荷载等级偏低、承载力不足的缺陷，病害逐渐产生和发展，成为危桥。其主要原因是原桥钢筋和截面尺寸偏小，不能满足当今交通需要。对于这部分桥梁，可以采用增大构件截面的方法进行加固。

A.3.1　增大截面加固法

增大构件截面的途径有加大主梁混凝土截面、加厚原桥面板和喷锚等方法。

（1）桥面补强加固

旧桥桥面钢筋较少且与主梁连接不够紧密，未能有效形成主梁与桥面共同作用而承受荷载，同时对荷载传递及分配没有起到应有的作用。

在梁顶上加铺一层钢筋混凝土层，一般先凿除旧桥面，在主梁上植筋，布设钢筋网，现浇 C40 防水混凝土，使其与原有主梁形成整体，达到增大主梁有效高度和抗压截面强度，改善桥梁荷载横向分布能力，从而达到提高桥梁承载能力的目的。如图 2-A.3-1 所示为增大截面加固示意图。

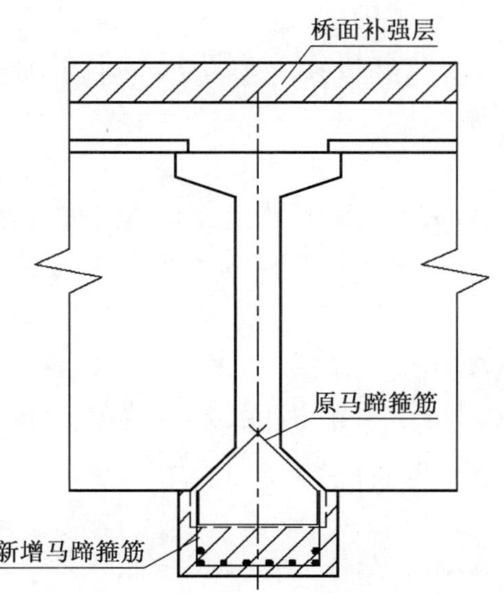

图 2-A.3-1　增大截面加固示意图

（2）增大截面和配筋加固

当梁的强度、刚度、稳定性和抗裂性能不足时，通常采用增大构件截面、增加配筋、提高配筋率的加固方法。这种方法是在梁底面或侧面加大尺寸，增配主筋，提高梁的有效高度和抗弯承载力，从而提高桥梁的承载力。该法广泛用于梁桥的加固。

（3）锚喷混凝土加固

所谓锚喷混凝土，就是先将锚杆锚入拟补强部位的梁体内，挂设计强钢筋网，然后再喷射一定厚度的混凝土，形成与原梁体共同承受外荷载作用的组合结构。所以，锚喷混凝土是借助喷射机械，利用压缩空气将新混凝土混合料，通过管道高速喷射到已锚固好钢筋网的受喷面上，待其凝结硬化形成一种钢筋混凝土。其与混凝土、砖石、钢材产生较高的黏结强度，所以新旧混凝土结合面上能够传递拉应力和剪应力。

可见，增大截面法可用于加强构件，但应注意在加大截面时自重也相应增加。

A.3.2　粘贴钢板加固法

采用环氧树脂系列黏结剂将钢板粘贴在钢筋混凝土梁的受拉缘或薄弱部位，使之与原结构物形成整体共同受力，以提高其刚度，改善原结构的钢筋及混凝土的应力状态，限制裂缝的进一步恶化，从而达到加固补强、提高桥梁承载能力的目的。该法是普遍采用的方法，钢板与原结构必须可靠连接，并作防锈处理。

A.3.3　粘贴碳纤维加固法

为了提高梁的抗力，可在受拉区相应部位粘贴碳纤维布数层。目前用于修复混凝土结构的碳纤维增强塑料片材有碳纤维布和碳纤维板两种，主要用于提高构件抗弯承载能力。使用此法加固几乎不增加原结构自重。

A.3.4　体外预应力加固法

采用对受拉区施以体外预应力，可以抵消部分自重应力，起到卸载的能力，从而能较大地提高梁的承载能力。此法优点是在自重增加很小的情况下，能够大幅度改善和调整原结构的受力状况，提高承重结构的刚度、抗裂性能；对墩台、地基受力状况影响很小；此法既可作为重车通行时的临时加固措施，又可作为永久性提高桥梁荷载等级的措施。

A.3.5　改变梁体截面形式加固法

一般是将开口的T形截面或⨅形截面转换成箱形截面。

A.3.6　增加横隔板加固法

用于无中横隔或少横隔梁的加固，可增加桥梁整体刚度，调整荷载横向分配（图2-A.3-2）。

A.3.7　改变结构体系加固法

这种加固、改造方法是通过改变桥梁结构受力体系，达到提高桥梁承载能力的目的。

如在简支梁下增设支架或桥墩,或把简支梁与简支梁纵向加以连接,由简支变连续梁;又如在桥下净空和墩台基础受力许可的条件下,采用在梁(板)底下加八字支撑,达到提高梁的承载力目的。

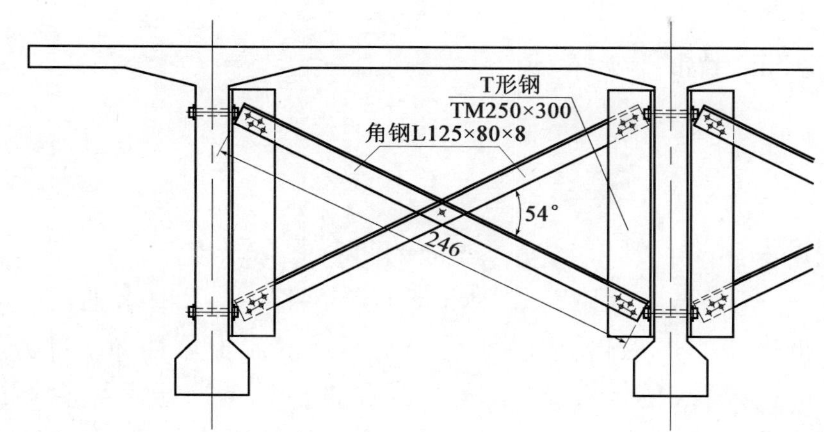

图 2-A.3-2　增加横隔板加固(尺寸单位:mm)

该法由于加固效果较好,目前,也是国内外用来解决临时通行超重车辆的一种加固措施。

附录B　基础冲刷防护

B.0.1　基础局部冲空或损坏，要分情况及时进行修补。

(1)水深在3m以下时，可筑草袋围堰或板柱围堰，然后把水抽干。当水难以抽干时，则可将水下混凝土封底后再抽，抽水后以砌石或混凝土填补冲空部分，如图2-B.0-1所示。对于水下部分基础的修补，亦有不抽水而把钢筋混凝土薄壁套箱围堰下沉到损坏处附近河底，在套箱与桥墩间浇筑水下混凝土以包裹损坏或冲空处，如图2-B.0-2所示。

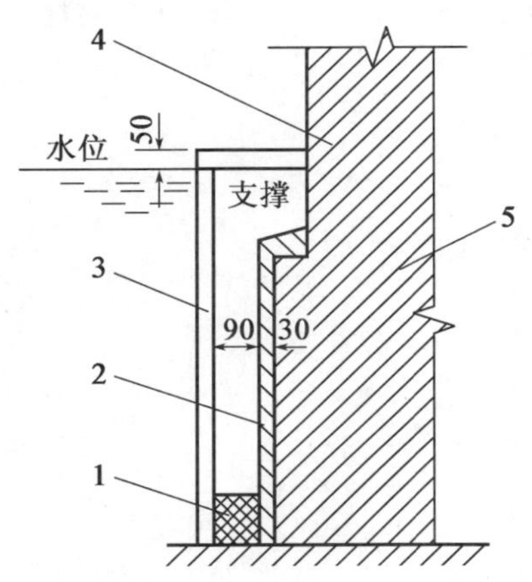

图2-B.0-1　抽水后修理桥墩(尺寸单位:cm)
1-封底混凝土;2-钢筋混凝土护套;3-板桩围堰;
4-桥墩砌体(上段);5-桥墩砌体(下段)

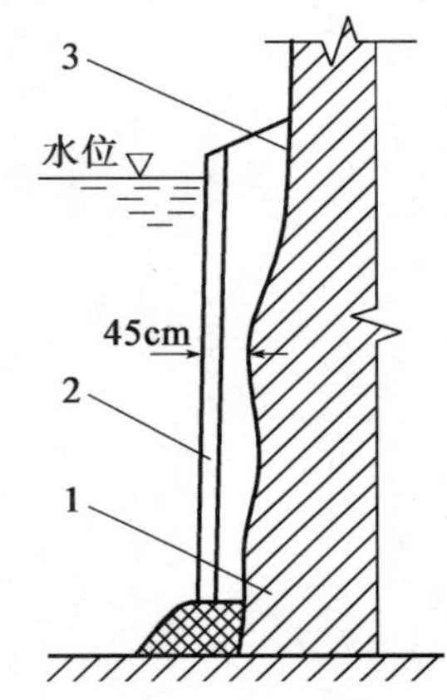

图2-B.0-2　不抽水后修理桥墩水下部分
1-桥墩体;2-板桩围堰;3-用水下混凝土填充

(2)水深在3m以上时，以麻袋盛干硬性混凝土，每袋装置量为麻袋容积的2/3，通过潜水作业将袋装混凝土分层填塞冲空部分，并注意比基础宽0.2～0.4m。

B.0.2　当基础置于风化岩石上，基底外缘已被冲空时，应及时清除表面严重风化部分。在浅水时，填以混凝土，并将周围风化地基用水泥砂浆封闭;在深水时，要采取潜水作业，并铺以袋装干硬性混凝土。

B.0.3　钢筋混凝土灌注桩和打桩基础受水冲刷侵蚀时，应采用如下方法进行修理。

(1)检查损伤程度，用水泥砂浆修补到原来状态。

(2)如桩身有空洞，可灌注水泥混凝土进行修复。

(3)抛填大块石、石笼护底或钢筋混凝土席块防护,以免继续冲刷,如图 2-B.0-3 所示。

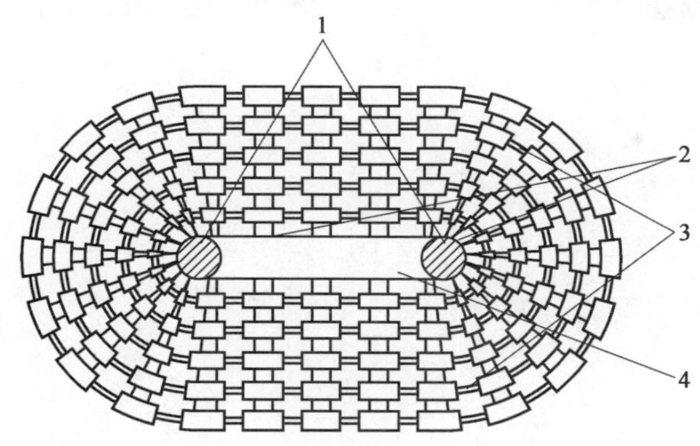

图 2-B.0-3　钢筋混凝土灌注桩和打桩基础用钢筋混凝土席块防护示意图
1-桥梁桩基;2-石笼或钢筋混凝土席块;3-连接材料;4-地系梁

B.0.4　当河床受到水流冲刷而危及桥梁墩台基础时,必须采取防护措施。根据河床地质情况及冲刷范围的不同,所采取的防护措施也不尽相同。各种不同的护基工程的施工方法见表 2-B.0-1。

表 2-B.0-1

序号	方法	简　图	说　明
1	石笼或板桩防护	图 A 1-石笼;2-板桩;3-砂砾;4-浆砌片石	水流冲刷危及基础时,需采取防护措施: 1. 用竹子、铅丝或钢筋制成石笼护基,并将石笼间以钢筋或铅丝相互联结下沉; 2. 在土质或细砂砾河床,可筑板桩围堰,堰内填砂砾、石。注意板桩顶面高程不应高于河床
2	水泥混凝土板或混凝土预制块防护	图 B 1-混凝土预制块;2-水泥混凝土	当河床不稳定,基础埋置深度浅,冲刷范围较大时,宜取平面防护,其范围视具体情况而定。在水流中不能部分施工时,宜采用铺置混凝土块的办法防护。采用铺筑水泥混凝土防护时,需在河床整个宽度内进行,不能部分施工

续上表

序号	方法	简　　图	说　　明
3	块、片石防护	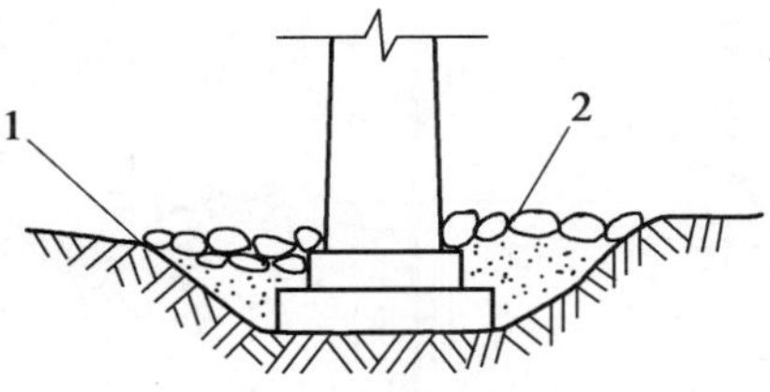 图 C 1-双层块片石;2-单层块片石	同上情况,亦可采取双层或单层块、片石作平面防护,但当河床面有淤泥杂物时,需加以清除,填以砂砾夯实后再行砌石,方能稳固
4	梢捆防护	 图 D(尺寸单位:cm) 1-梢捆;2-片(卵)石	用长约 1.5m 的鲜柳枝、荆条编成梢捆,内装片石或卵石,成捆置放于基础四周防护,具有较好的防冲效果。当冲刷力较大时,可在梢捆上加压石块稳定
5	大桥抛石防护	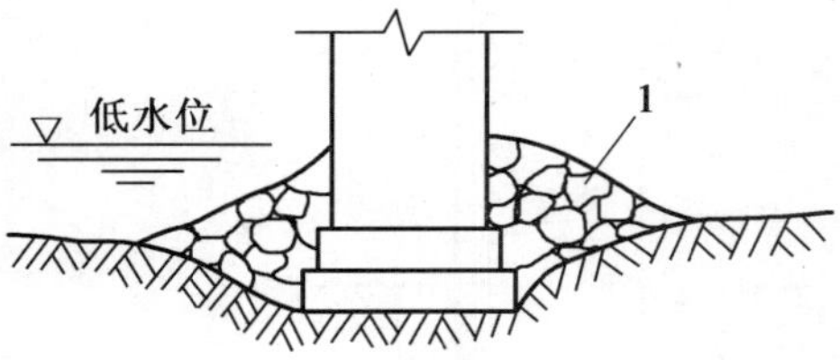 图 E 1-抛石	抛石防护用于深水墩台,将石块抛在桥梁墩台四周被冲刷的坑内,填满至高于河床面,以防再次冲刷
6	中、小桥抛石防护	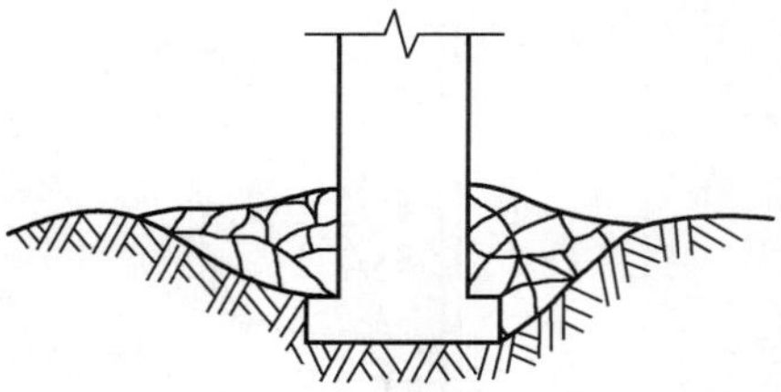 图 F	中、小桥梁墩台的抛石防护,应注意横桥跨的门坎埋置深度需比墩台四周挖深 1.2~1.5m,以防水流正面冲刷

续上表

序号	方法	简　图	说　明
7	板桩墩头防护	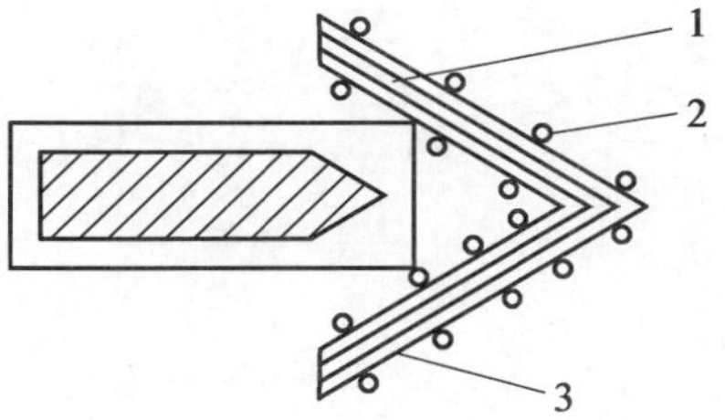 图G 1-板桩；2-导向柱；3-横头梁	对于土质和砂砾石的变迁性河段，可采用板桩进行墩头防护。板桩顶面一般不应高出河床面，最好埋置在冲刷线以下，因板桩高出河床面，会产生阻水，在板桩前造成局部冲刷，影响护桩安全。板桩尖头做成单向斜口式，打桩时可使板桩接缝紧密，板桩入土深度一般为0.5～1.0m
8	马蹄形大型铅丝笼填石护墩	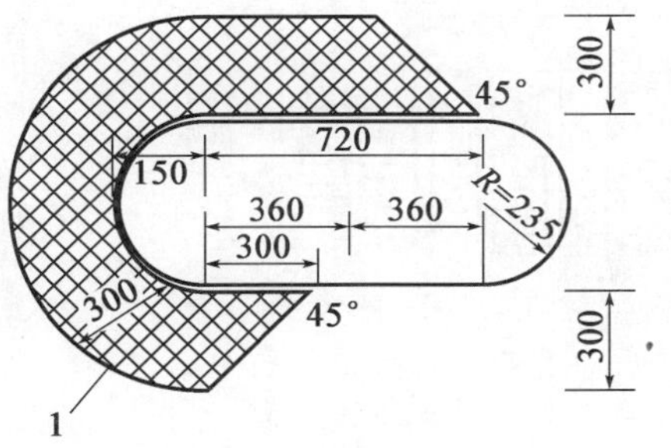 图H（尺寸单位：cm） 1-铁丝笼护基	马蹄形大型铅丝笼，可用ϕ8mm钢筋作骨架，用8号铅丝编成网眼作外框。大铅丝笼宽3.0m、高0.6m，大铅丝笼在岸上编成后，用船运到桥墩处下沉就位，内填毛石，最后再加铅丝网盖
9	混凝土板防护	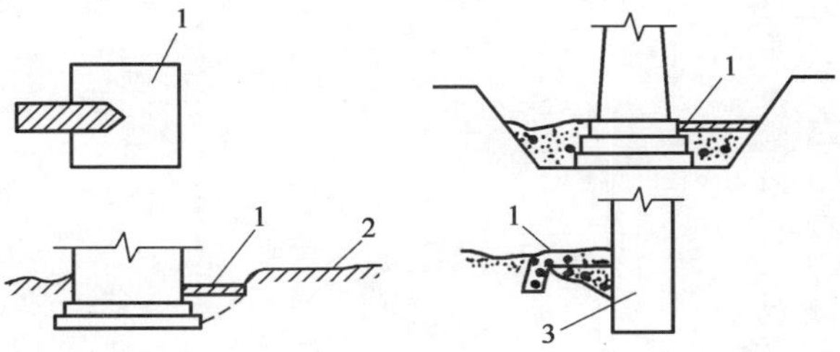 图I 1-混凝土板；2-床面；3-桥墩	混凝土板属于局部冲刷平面防护，混凝土板应置于一般冲刷线以下，并应盖住所在位置的冲刷坑范围。混凝土板整体性强、抗冲耐磨、施工较方便，是一种防护桥墩局部冲刷的有效措施
10	三级消力坎防护	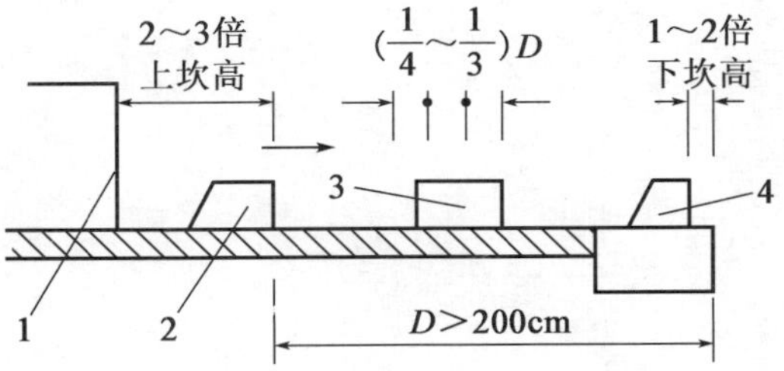 图J（尺寸单位：cm） 1-下游台口；2-上坎；3-平台；4-下坎	当下游冲刷严重，为缓冲水流冲刷影响，可用浆砌块、片石或预制混凝土块筑成三级消力坎（或称三级跳坎）

续上表

序号	方法	简　图	说　明
11	海曼式防护	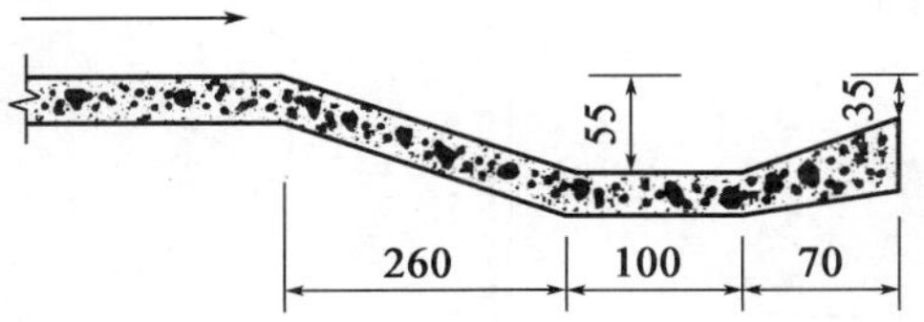 55　35　260　100　70 图 K(尺寸单位:cm)	同上情况,亦可采用海曼式防护缓冲水流。海曼式防护可用砌石或铺混凝土
12	冻拔防护	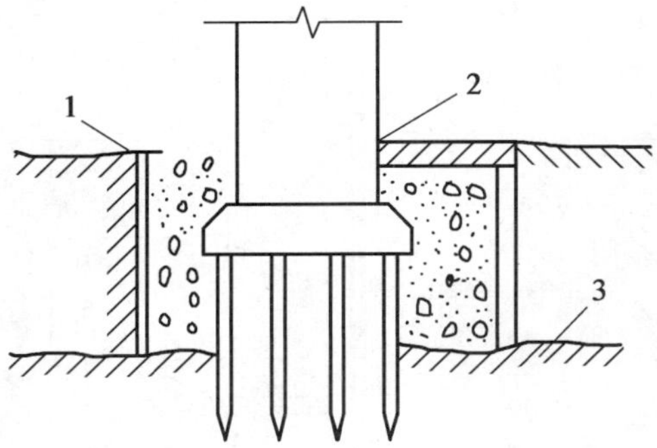 1　2　3 图 L 1-套管;2-沥青砂浆;3-冰冻线	严寒地区冬季冰层厚度变化大,易发生浅桩冻拔、深桩环状冻裂。如桩基周围冰层较厚,可打入套管或板桩,中间填以保温材料,亦可将冰冻线以二(墩台周围)用矿渣换填

附录 C　桥梁墩台基础的养护、维修和加固

C.1　墩台、基础的养护

砖石、混凝土和钢筋混凝土桥梁墩台养护的目的和任务是为了使结构物完整、牢固、稳定、不发生倾斜,并减少行车振动和基础冲刷。对墩台及基础养护的主要工作内容有:

(1)桥梁上下墩台各 1.5 倍桥长,但在 50 ~ 500m 的范围内,应做到:

①河床应适时地进行疏浚,每次洪水过后应及时清理河床上的漂浮物和沉积物,使水顺利宣泄。

②不得任意修建对桥梁有害的水工建筑物。必须修建时,应采取必要的桥梁防护措施。

(2)墩台表面应保持清洁,及时清除青苔、杂草、荆棘和污秽。

(3)圬工砌体长期受大气影响、雨水浸蚀而发生灰缝脱落时,应重新勾缝。

(4)混凝土表面发生侵蚀剥落、蜂窝、麻面等病害时,应及时将周围凿毛洗净,用水泥砂浆抹干。

(5)圬工砌体镶面部分严重风化和损坏时,应予更换。用石料或混凝土预制块补砌,应结合牢固,色泽和质地与原砌体基本一致。

(6)梁式桥墩台顶面没有流水坡或坡面凹凸不平,有裂缝时,应及时铺填水泥砂浆或混凝土,做横向坡度以利排水。

C.2　墩台、基础的维修

对砖石和钢筋混凝土墩台表层出现的缺陷,以及钢筋混凝土桩和排架所出现的混凝土剥落、露筋和裂缝等病害,均应进行维修,并应根据缺陷的严重程度及工地条件的不同采用不同的方法进行修理,具体方法如下。

C.2.1　采用混凝土的修补法

对于混凝土墩台出现的蜂窝、空洞以及较大范围的破损等缺陷,一般可采用新鲜混凝土进行修补。用于修补的混凝土级配要良好,并需特别注意保证具有良好的和易性,以降低捣实工作的困难程度。

浇筑新混凝土之前,应先把墩台上的蜂窝或空洞缺陷部分尽可能凿除,同时对混凝土

修补部位进行凿毛处理，并使老混凝土表面保持湿润、清洁、不沾尘土；然后马上在钢筋及其周围的混凝土上涂抹一层水泥浆液或其他胶黏剂，如1:0.4的铝粉水泥浆液、1:1的铝粉砂浆、环氧胶液等。浆液应仔细地刷进混凝土内并均匀刷到钢筋上，在这些浆液涂抹后尚未凝固时，即可立即浇筑新的混凝土。

用混凝土修补，一般有直接浇筑、喷射及压浆等几种方法。面积较大的修补工作，混凝土浇筑前还应立上横板，以保证修补的外观质量。同时，在混凝土浇筑以后应注意尽可能地捣实。如图2-C.2-1所示为混凝土墩台中产生蜂窝的修补示意图。

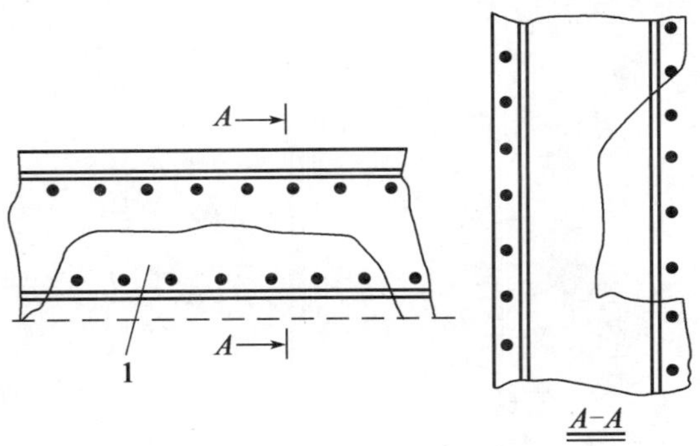

图2-C.2-1　混凝土局部修补/补强

1-补强混凝土

C.2.2　采用水泥砂浆的修补法

1）水泥砂浆人工涂抹法

对于面积小且损坏深度较浅的缺陷可采用此方法。在经处理的修补处，将拌和好的砂浆用铁板抹到修补部位，反复压光后，按普通混凝土要求进行养护。过一段时间后再在修补的区域周围涂上两层环氧树脂胶液或铝粉水泥浆液，以便封闭产生的细微裂缝。

2）喷浆修补法

喷浆修补法是指将水泥、砂和水的混合料，经高压通过喷嘴喷射到修补部位的一种修补方法。此法主要适用于重要混凝土结构物或大面积的混凝土表面缺陷和破损的修补。

（1）喷浆准备

①对老混凝土进行凿毛处理，并洒水处理保持湿润状态。

②当修补要求挂网时，施工前应制作好钢筋网并安装固定好。

③当被喷面有渗水时，应先行处理使之阴干，以保证黏结良好。

（2）喷浆工艺流程

用于混凝土公路桥梁结构表层缺陷修补的喷浆法，一般是干料法。干料法喷浆工艺流程如图2-C.2-2所示。

（3）喷浆作业

①喷料供应要求。喷浆前应准备充足的砂子和水泥。将砂子和水泥均匀拌和后，保存在不受风吹日晒之处，并及时使用，以免砂中的水分和水泥起水化作用而结成硬块。

②输料软管设置。软管长度一般可连接成25～70m，最大升高不宜超过10m，为了出料均匀和操作安全，不宜采用短于15m的软管。

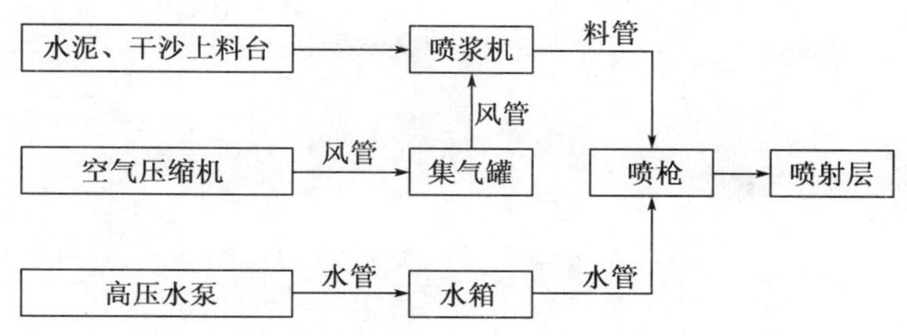

图 2-C. 2-2　喷浆工艺流程框图

③气压和水压的选择。喷浆工作压力应控制在 0.25 ~ 0.40MPa 的范围内，一般可根据输料软管的长度和上升高度而调整，见表 2-C. 2-1。

喷浆工作压力、管长和上升高度的关系　　表 2-C. 2-1

喷浆工作压力(MPa)	0.25 ~ 0.35	0.35 ~ 0.40	0.3 ~ 0.40
管长(m)	25 ~ 45	45 ~ 70	100 ~ 120
最大升高(m)	5	10	—

注：喷浆工作压力系指喷浆机下室的压力表在装料后正常工作时的读数。

④喷头操作。喷头与受喷面之间应保持适当的距离，距离的大小可视压力而定，一般要求为 80 ~ 120cm，喷头对受喷面的方向一般应垂直，以使喷射物集中，减少回弹物，增强黏结性。

⑤喷层厚度控制。为避免砂浆流淌或因自重而堕落等现象发生，当喷射层要求较厚时，一般需分层喷射。喷射层每层厚度控制的数值见表 2-C. 2-2。

喷射层每层的最大厚度表　　表 2-C. 2-2

喷射条件	仰喷时	侧喷时	俯喷时
最大厚度(mm)	20 ~ 30	30 ~ 40	50 ~ 60

⑥喷射层的养护。第一次洒水养护，一般应在喷射 1 ~ 2h 后进行。以后洒水养护，应以保持表面湿润为度量，养护期为 1 ~ 2 周。

C.2.3　采用混凝土黏结剂的修补法

(1)表面封涂修补

对混凝土桥梁结构表面的风化、剥落、露筋及小面积的破损，一般可采用混凝土胶黏剂表面封涂的方法进行修补。人工表面封涂施工工艺如图 2-C. 2-3 所示。

人工封涂注意事项：人工封涂法修补时应由低向高，由内向外填抹，并保证在封涂缺陷的周围有 2cm 黏附面，对涂层的厚度一般以不小于 2.5cm 为宜。

(2)浇筑涂层修补

混凝土结构破坏较大且深入构造内一定深度时，可采用混凝土胶黏剂浇筑涂层的方法加以修补。浇筑操作步骤如图 2-C. 2-4 所示。

操作注意事项：

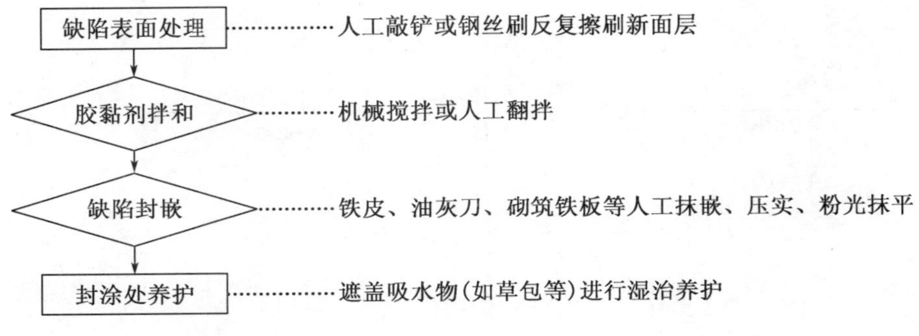

图 2-C. 2-3　混凝土胶黏剂表面封涂修补工艺流程图

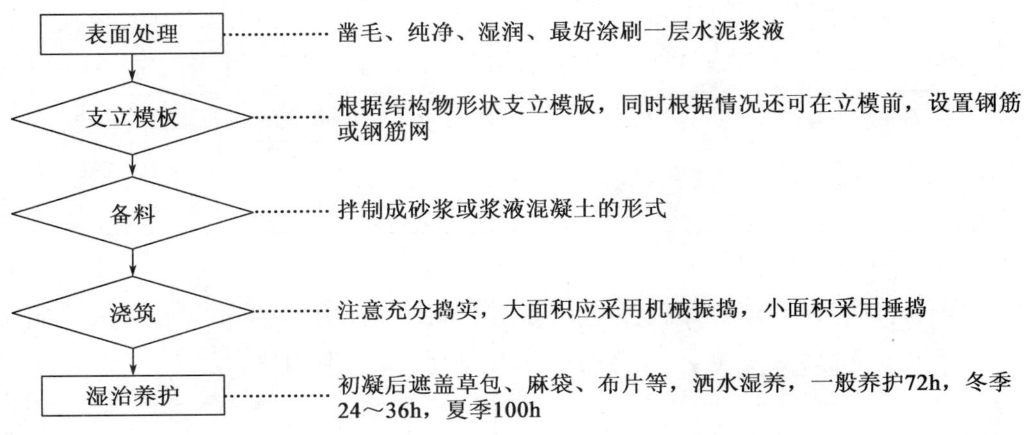

图 2-C. 2-4　混凝土胶黏剂浇筑涂层修补工艺流程图

①施工操作时,应避免荷载或重力振动等干扰,当实施有困难时,应尽量减少影响,如半开放交通等。主梁及其他重要部位的修补,需使修补部位强度达到原结构强度的100%时,方可承受荷载、振动等。有支模的,其拆模时间应满足有关强度要求。

②修补部位,其早、中期都应避免高温(>60℃)影响,更不能与火接近。

③雨季施工应采取遮盖措施,避免表面起砂,影响修缮质量。

④除上述要求外,要注意所采用的混凝土胶黏剂的种类及其固有特性与使用要求,以确保操作质量。

附录D　涵洞的养护和维修

涵洞养护应保证涵洞的洞身、洞底、进出水口、护坡和填土清洁、不漏水，经常处于完好状态，使水流在任何情况下都能够顺畅通过洞孔，排到适当地点。

D.1　涵洞的日常养护

（1）涵洞的洞口应经常保持清洁、干净，发现堆积杂物应立即清除，涵洞内应经常保持排水畅通，发现淤塞应及时疏通清除。

（2）洞口和涵内如有积雪应尽快清除，被清除的积雪应放在路基边沟以外。经常积雪或积雪很深地区的涵洞，应于入冬前在洞口外加设栅栏，或用柴草捆封洞口，融雪时应及时拆除。

（3）涵洞开挖维修时，应维持通车，设立安全标志、护栏。

（4）洞底铺砌层，洞口上下由路基护坡、引水沟、汇水槽、窨井和沉沙发生变形时，均应及时修理。凡未设置沉沙井，而涵洞经常发生泥沙淤积时，可在进水口加设沉沙井，以沉淀泥沙、杂物。

（5）涵洞铺砌出现冲刷损坏、下沉、缺口，应及时修复。路基填土出现渗水、缺口，应及时封塞填平。

（6）涵底和涵墙出现渗漏水，应及时查明原因，并分别采取下列方法处治：

①疏通水道，使洞口铺砌与上下游水槽坡道平齐顺适；

②保持洞内底面平顺，并有适当纵坡；

③用水泥砂浆铺底和涵墙勾缝。

（7）处于高填土的涵洞，其出水口的跌水设施必须与洞口紧密结合成整体。若有裂缝应立即填塞。

D.2　涵洞常见病害及处治

D.2.1　洞口、洞底铺砌层破损漏水的处治

（1）一般的破损按原结构修复。

（2）破坏较为严重，且有漏水现象时，应按原结构先修复破损处，再用厚度为2cm的水泥砂浆抹面。

D.2.2　基础局部冲刷悬空的处治

涵洞基础局部悬空，必须立即修补，可用水泥砂浆砌片石或混凝土填实，一般应比原基础加宽 10～20cm，并修复或增设洞口、洞底铺砌层和端部截水墙。

D.2.3　砖、石、混凝土端墙和翼墙外倾、鼓肚或倾斜的处治

(1)由于填土密实不足而沉落挤压，或填土中水分过大土压力增大而造成外倾或鼓肚时，应开挖填土，修理外倾或鼓肚部分，更换回填密实。

(2)因为基础不均匀沉降而发生倾斜时，应先处理基础，一般可以采用更换土壤或扩大基础的方法加固，然后再修理倾斜部分。

D.2.4　管涵错列变形的处治

(1)管涵错列一般因为基础沉陷造成，应采用扩大基础的方法加固，一般较原基础加宽 20cm 以上，必要时还应换基底土壤，并重做砂砾(或砂)垫层。

(2)管涵错列由波纹管涵沉陷造成时，应开挖修理，根据管底土质情况，认真重做垫层，但更换管底土壤时，应采用 40～60cm 厚的三合土为宜，并重做垫层，铁管上面加铺一层 10～15cm 厚的胶泥防水层或油毡防水层(三层油两层毡)，回填较好的土质，分层密实。

(3)四铰管涵的变形任其继续发展，或变形大于直径的 0.05 倍时，已影响涵洞强度。如原因清楚，易于修理，可按原结构及时修复；如原因诸多，难于治理，可根据当地实际情况，改建为钢筋混凝土盖板涵或拱涵等。

D.2.5　涵洞排水经常出现混浊或杂物的处治

涵洞排水经常出现混浊或杂物时，很可能造成洞口、洞孔淤积，甚至堵塞，必危及涵洞的安全。因此，应在进水口增设沉淤井，以沉淀泥沙杂物，并应经常清理，尤其要在每次洪水过后立即清除。

D.2.6　压力式涵管进水口周围路堤经常出现冲刷破损现象的处治

压力式涵管进水口周围路堤在每次水淹过后，经常出现洞穴、缺口和冲刷破坏路基边坡的现象时，应根据路堤土质，采用单层或双层浆砌片石(或混凝土预制板)护坡进行加固，注意做好砂砾垫层(厚度不小于 10cm)，保持路堤稳定坚实。

D.2.7　砌体勾缝松动、脱落的处治

砌体勾缝松动、脱落，易引起多种病害，必须及时处治。应做到：

(1)凿掉破损勾缝；

(2)凿毛结合处的旧勾缝；

(3)修补部分必须刷洗干净；

(4)按原结构修补，并注意材料质量和施工质量，保证坚固。

D.2.8　砌体表面风化剥落处治

砌体表面风化剥落，影响其结构强度的，必须及时处治，保持完好。应做到：

(1)清理疏松部分，刷洗干净；

(2)用原结构材料修补剥落部分；

(3)采用高强度水泥砂浆封面，一般喷浆厚度为 1～2cm，抹面厚度为 2cm，均应分 2～3 次进行，每天以一次为宜。此种病害的处治面较大，一般不会在一个上面，甚至是砌体的全部表面，所以应注意处治面的对称，使结构强度一致、美观。

(4)对较大的涵洞、涵台的破损，面积较大且深度大于 3cm 时，可采用桥梁墩台的修理方法。

D.2.9　砌体面层块石或混凝土预制松动脱落的处治

圬工面层砌块因水流或漂流物冲击、人为撞损、施工不良等，造成砌体表层个别或局部砌块松动、脱落时，必须及时修补，以保持砌体结构应有的强度。

(1)清除松动的脱落部分，冲洗干净。

(2)按原结构修补完整，如松动脱落部分的内部有洞穴时，应先行处理，将空洞清除冲洗干净，压注水泥砂浆，并用石块填实，再修理面层。

D.2.10　锥坡沉陷破损的处治

由于填土的不实或基础不均匀沉陷而产生的锥坡沉陷破损，应根据不同情况作如下处理：

(1)对地基的不均匀沉陷，应挖开处理，一般可根据基底土质，采用扩大基础的办法，将原基础外侧洗刷干净，按原结构加宽 20～40cm，新旧部分必须结合坚固。也可采用更换基底土重建的方法，修复锥坡，并应注意做好夯实填土、砂砾垫层、砌石和勾缝。

(2)由于填土不实引起锥坡沉陷破损，修复时必须仔细夯实；如土质不好时，还应掺拌或更换较好的土质。

D.2.11　砌体出现小洞穴的处治

由于施工时偷工减料，往往当勾缝脱落时，砌缝间出现小洞穴，甚至漏水，一般可作如下处理：

(1)砌体尚未发生变形时，先将洞穴的疏松部分凿除，冲洗干净，用压注法把水泥砂浆或混凝土注入洞穴内填补密实，再修补勾缝。

(2)砌体已局部变形时，应将变形部分拆除，按原结构修复，再修补勾缝。

(3)砌体的某个部分(拱圈、一侧涵台)已严重变形，已成险涵，应拆除后按原结构修复，并注意做好施工中的安全措施。

D.2.12　涵头跳车的处治

涵头跳车是因涵顶两端或涵顶填土沉陷造成的，应分别进行如下处理：

(1)路面轻度下沉,基层和土基较密实稳定时,可只加铺面层,采用原面层材料修理平整。

(2)因沉陷已造成面层和基层出现破损现象,但土层尚稳定时,可重做基层,并调整平整度,再铺面层。

(3)土基下沉,路面破损较严重时,必须先处理上层,再重铺基层和面层。

D.3　涵洞加固

D.3.1　砖石拱涵加固

砖石拱涵的加固,一般采用拱圈上加拱或拱下加拱的方法。加拱厚度可采用表2-D.3-1中的公式计算。但验算的加拱厚度不得小于表2-D.3-2 所列的最小厚度。

拱圈厚度计算经验公式　　表 2-D.3-1

拱圈材料	公　式	备　注
石	$t = mk^3\sqrt{L_0}$ $t = 1.37\sqrt{R_0 + L_0/2 + b}$	t——等截面圆弧拱的拱圈宽度(cm); L_0——圆弧拱净跨径(cm); b——拱圈宽度; R_0——拱腹线半径(cm); m——系数,一般为4.5~6; k——荷载系数,汽车-15级为1.1,汽车-20级为1.2
砖	$t = 1.82\sqrt{R_0 + L_0/2 + b}$	

拱圈加固层最小厚度　　表 2-D.3-2

验算加拱厚度	加固层的最小厚度	备　注
<10cm	浇筑或喷射水泥混凝土 10cm	按《公路桥涵施工技术规范》(JTG/T F50—2011)要求施工
>10cm	砖石砌筑或浇筑混凝土	

(1)拱上填土较高,且净空较大时,可采用拱下加拱的办法,并根据涵台完好情况,用以下两种方法进行加固。

①涵台完好时,可在拱脚下部根据加厚尺寸凿开安置拱脚石槽,同时凿毛原拱圈表面,洗刷干净,用高等级水泥砂浆将新旧拱圈连接成一个坚固的整体。

②涵台不够完好时,应一并加固。先将表面的酥松部分和勾缝的表面凿毛,洗刷干净,用高等级水泥砂浆将新旧部分结合坚固。

(2)拱上填土较低时,可采用拱上加拱的方法。挖开填土和防水层,洗刷干净。如原拱圈有病害时应先行处治,按原结构材料砌筑加固层,结合应坚固。拱上防水层可根据实际情况选用表2-D.3-3 所列种类铺筑,再分层回填,修复路面。

拱 上 防 水 层　　表 2-D.3-3

种　类	厚度或层数	种　类	厚度或层数
胶泥防水层	10~15cm	油毡防水层	两层油毡三层油(沥青)

(3)拱上填土较低,水流也不大,有充裕泄水面时,应根据施工难易,采用拱下或拱上加拱均可。

D.3.2　钢筋混凝土盖板涵

钢筋混凝土盖板涵的加固,应进行结构计算,求得加固厚度。如涵台有破损时须先行加固。

钢筋混凝土涵洞的加固应注意以下四点:

(1)处治原涵台和盖板病害,使其恢复原状;

(2)采用与原结构相同的材料加固;

(3)涵台和基础的加固厚度不宜小于20cm,如涵台和洞底铺砌层完好,且系重力式涵台时,亦可不加固;

(4)盖板加固,应先将原盖板凿毛,洗刷干净。如加固厚度小于8cm时,可浇注不小于8cm厚的混凝土;若浇注钢筋混凝土,应先钻(凿)孔埋入销钉,并与加固钢筋绑扎或焊接,再浇混凝土。

D.3.3　石盖板涵

过去修建涵洞时,在一些盛产石料的地方多修建石盖板涵,可节约钢材和水泥。此种涵洞,如涵顶填土在3m以内时,可根据路线改造的技术标准更换为钢筋混凝土盖板,但亦可在涵洞顶加一层石料作成悬臂石台,以减轻跨径,其厚度一般为20~30cm,并用M7.5~M10水泥砂浆砌筑牢固。

D.3.4　圆形管涵

圆形管涵主要有钢筋混凝土圆管涵(属刚性管节)、四铰圆管涵(属柔性管节)、混凝土圆管涵等。

上述圆形管涵,如涵顶填土在3m以上时,可承受较大载重,一般不用加固;如其填土在3m以内时,钢筋混凝土、混凝土管涵可采用管外加一层套壳的方法。但是,结构计算虽然较易,施工却困难较多,四铰管的加固困难较大。因此,可随同路线改造的技术标准,均以改建为钢筋混凝土圆管涵为宜,或根据当地建筑材料来源改建为其他圬工涵洞。当然,混凝土管涵的加固数量较小,施工也不很困难,在有条件的地方,应采用管外加捣一层混凝土套壳的方法。

总之,涵洞加固,均应查明原因,根据要求的技术标准,进行验算和经济分析,采取既实用又经济的工程技术措施。

附录 E　支座的养护维修

桥梁支座是连接桥梁上部结构和下部结构的重要构件，其主要功能是将上部结构承受的各种荷载传递给墩台，并能适应上部结构由于荷载、温度变化、混凝土收缩等产生的变形（水平位移及转角），使上部结构的实际受力情况符合设计要求。

E.0.1　桥梁支座必须满足的功能要求

（1）桥梁支座必须具有足够的承载能力，以保证安全可靠地传递支座反力。

（2）支座对桥梁变形的约束尽可能小，以适应梁体自由伸缩及转动的需要。

（3）支座应便于安装、养护和维修，并在必要时进行更换。

（4）选用支座形式必须根据支座所承受力和变形的自由度来确定。

E.0.2　支座养护一般要求

（1）支座各部位应保持完整、清洁，位置正确，活动支座伸缩与转动正常。半年一清扫，清除支座周围的垃圾杂物，保证支座正常工作。

（2）橡胶支座应经常清扫，排除墩帽积水，要防止橡胶支座接触油脂引起橡胶老化、变质而失去作用。

（3）支座与梁底、支座与砂浆垫层之间的接触面应平整，梁体位移及转角应不受阻碍，支座垫板与锚螺栓应紧密接触，并不得有锈蚀。支座垫层上如有积水，应立即清除。

（4）支座或支座组件如有缺陷或产生故障不能正常工作时，应及时予以修整或更换。

（5）梁支点承压不均匀，板式橡胶支座出现脱空或过大压缩变形时，应予以调整；板式橡胶支座发生过大剪切变形、老化、开裂等时，应及时更换。支承垫石空洞、不密实缺陷等，应及时进行处理。

（6）对盆式橡胶支座应设置防尘罩，防止尘埃落入或雨雪渗入支座内。支座外露部分应定期涂红丹防锈漆进行保护。防尘罩应经常清洁并作防蚀处理，防止橡胶老化变质失去弹性。如橡胶老化，剪切变形过大（如 $\tan\alpha > 0.7$），橡胶有裂纹、鼓出，钢板锈蚀者，应更换；错位螺栓剪断、盆边顶坏发生塑性变形者，也应更换。

E.0.3　盆式橡胶支座的养护

盆式橡胶支座在使用期间应每年定期进行一次检查及养护，主要应进行以下养护工作：

（1）检查支座锚栓有无剪断，支座橡胶密封圈有无龟裂和老化。

（2）检查支座相对位移是否均匀，并逐个检查支座位移量。

（3）清除支座附近的杂物及灰尘，并用棉丝仔细擦净不锈钢滑板表面的灰尘。

（4）松动锚栓螺母，清洗上油，以免螺母锈死。

（5）定期对支座钢件进行涂油漆防锈，但不锈钢滑动面不得涂油漆。

（6）校核并定点检查支座高度变化，以便校核支座内聚四氟乙烯板的磨耗情况，当支座高度变化超过 3mm 时，应考虑是否需要更换聚四氟乙烯板。

对聚四氟乙烯板的磨耗情况，应重点检查聚四氟乙烯板的外露高度 h_0：

①当 $h_0 \geq 1.0$mm 时，支座正常；

②当 0.5 mm $\leq h_0 < 1.0$mm 时，应每年测量高度变化；

③当 0.2mm $\leq h_0 < 0.5$mm 时，应缩短检查期限，或更换，或经专家鉴定；

④当 $h_0 < 0.2$mm 时，应立即更换，或经专家鉴定。

盆式橡胶支座养护质量要求如下：

（1）梁底支承部位平整、水平，支承部位相对水平偏差不大于 0.5mm。

（2）桥墩支承垫石顶面平整，相对允许差 1mm；支承垫石顶面高程准确，允许差 0 ~ 4mm，相临墩台上支承垫石顶面相对高差不大于 3mm。

（3）支座与支承垫石顶面应紧密接触，局部缝隙不得超过 0.5mm。

（4）恒载剪切变形角 $\tan\alpha \leq 0.45$，最大剪切变形角 $\tan\alpha \leq 0.7$。

附录 F　拱桥的养护

F.1　圬工拱桥日常养护维修

（1）经常清除表面油垢及圬工砌体因渗水而在表面附着的游离物。

（2）经常通泄水管孔，保持桥面及实腹拱拱腔排水畅通。如发现拱桥桥面漏水应及时修补，空腹拱的主拱圈（肋）若发现渗水，应对拱背进行清理，清除可能积水的残渣、堆积物等，并用砂浆等材料抹平或堵塞裂缝。实腹拱若发现主拱圈渗水，应检查拱腔排水系统，必要时可挖开拱上填料，修补防水层，修理排水管道。

（3）主拱及拱式腹拱的拱铰及变形缝应保持正常工作状态。清除弧面铰及变形缝内嵌入的杂物，保持能自由转动、变形。填缝材料如油毛毡、浸渍沥青的木板等，如有损坏应及时更换。

（4）构件表面缺陷及局部损坏的修补，主要有以下几类：

①圬工砌体的边角压碎、砌块断裂，干砌石拱桥砌缝张口等，可用水泥砂浆修补。若个别砌块压碎或脱落，应用新的块体填塞更换，更换时应保证嵌挤或填塞紧密。砌缝砂浆若发生脱离，应凿除后重新用干硬性砂浆或微膨胀砂浆填筑，表面重新勾缝。

②实腹拱的侧墙若发生较大变形、开裂，应查明原因并作相应处理。若是填料不实，或拱腔积水，挖开拱上填料，修补防排水系统，拆除鼓凸部分侧墙后重新砌筑，重新回填拱上填料及重做路面，也可酌情换用轻质填料或加大侧墙尺寸。若发现侧墙与拱圈之间脱开，或侧墙上有斜向（若是砌体通常沿砌缝成锯齿状）开裂，应检查墩台与主拱的变形。开裂轻微且不再发展的，可作一般修补裂缝处理；若开裂严重，且裂缝在发展中，应考虑加固、改造方案。

F.2　圬工拱桥常见的病害及其成因和养护维修措施

F.2.1　基础冲刷

砖石拱桥一般跨度较小，其墩台的基础多采用简单的扩大基础，基础埋置浅，易产生基础冲刷病害。基础冲刷产生后，要及时对基础进行养护维修。

F.2.2　路堤冲刷

砖石拱桥一般都是由桥台路堤和台后填土来抵抗拱的水平推力，台后路堤由于雨水的冲刷对桥台和拱桥的安全是十分不利的，特别是没有护坡的低等级公路上的拱桥，更容易发生台后填土的冲刷问题。日常养护时要注意桥头排水，注意疏导路面的降水，路侧排水沟应适当远离桥头，避免排水直接冲刷桥头路堤。应加强路堤的表面保护，路堤坡面应植草或硬化处理。

F.2.3　桥面开裂和破损

设计施工及材料方面的缺陷，车辆的碾压和风雨的侵蚀，都会造成桥面开裂破损。桥面的破损不仅会使交通荷载的冲击力增大，而且会使降水浸入桥梁内部，侵蚀桥梁构件。因此当桥面出现裂缝和破损时，要及时进行修复。

F.2.4　排水系统失效

桥面杂物堵塞排水管，在圬工拱桥上是经常发生的。由于圬工拱桥多建在低等级公路上，人畜车混行，桥面易存杂物和垃圾。日常养护时要注意清理垃圾，保持桥面整洁，疏通堵塞的排水管线。保持桥面整洁非常重要，一方面可以防止排水管堵塞，另一方面对于保护桥面也是十分有益的。

F.2.5　洪水冲刷

圬工拱桥一般建在小沟、小河上，建筑高度一般不高，当桥下淤积、堆积杂物时，会影响河流的行洪，严重时河水直接冲刷桥体，造成桥梁的损毁甚至倒塌。因此，在日常的养护管理时，不仅要注意桥上和桥体的保养，同时还要注意桥下的情况，在雨季到来前，要清理桥下的堆积物，保证桥下的过水断面，洪水过后，要及时检查桥梁的状况，发现问题及时处理。

F.2.6　拱脚位移

这一病害对拱桥结构的影响是十分严重的。拱脚位移可以是拱脚相对内移，也可以是拱脚相对外移，但经常发生的是拱脚相对外移。拱脚相对内移可能是台后填土压力和桥头路面及路面荷载作用所致，但更多的情况是地震或山区的地质滑移所致。遇到这种情况时必须对桥梁的病害进行全面的检查和评估，根据具体的病害原因和病害程度制订相应的治理措施。拱脚相对外移是更常见的拱桥病害，这种情况多是由于桥台基础软弱和（或）台后填土缺失造成的，有时是地震和地质灾难所致。对于前种情况，就需要对桥台地基和基础进行加固，恢复和保护台后填土；对于由地震和地质灾难造成的病害，要进行专门的检查、评估和处治。

F.2.7　护墙外移

对于填背式实腹拱桥，侧墙在由填料及交通荷载引起的侧向水平压力作用下产生倾斜和外移，桥面则产生塌陷或沉降。这种情况显然是由于侧墙抵抗水平力的能力不足造成的。这种病害的处理方法较简单：可以加厚侧墙，也可以增加侧墙的内坡，或将填料换成砌体或混凝土圬工，或在两侧墙间加对拉杆。

F.2.8　栏杆变形或损毁

栏杆的病害最易被注意和发现，但栏杆的病害也常被忽视。对由于车辆的撞击和其他原因造成的栏杆的破坏可能会很快修复，因为这直接危及行人的安全和社会的恐慌；但对栏杆的变形往往不太重视，因为人们认为栏杆是附属结构，它的状况不影响结构安全。但栏杆的异常变形有时是由于主体结构的异常变形引起的，因此，对栏杆的变形和外观要予以重视。当发现栏杆有错位，扭曲和线形不匀顺时，就要注意检查主体结构的情况，必要时测量桥面和主拱的线形，以判断桥梁主体结构是否有异常变位。

F.2.9　冻胀破坏

寒冷地区，如果排水和防水系统失效，降水进入桥体，会产生冻胀病害。特别是砖石圬工拱桥，孔隙较多，冻胀最易发生。因此，冬季寒冷地区一定要做好桥梁的排水和防水工作，防止冻害发生。

F.3　圬工拱桥的加固

圬工拱桥因拱圈变形、受力不均、基础不均匀沉陷、墩台位移致使跨径变化，或施工不当会使拱圈产生裂纹、变位、碎裂等病害，相应的维修、加固措施有：

（1）拱圈内腹及两侧出现大面积严重的风化剥落、灰缝脱落时，可先清除剥蚀面，在灰缝内嵌入水泥砂浆或环氧砂浆，再喷涂 1 ~ 3cm 厚的 M10 以上水泥砂浆。喷浆可分 2 ~ 3 次进行，每隔 1 ~ 2 日喷一层，并可加布一层钢丝网，以增强喷涂层强度。

（2）若拱顶附近出现一道贯穿拱宽的裂缝，且裂缝两侧有明显的高差，则应处理台墩中的下沉问题。同时可在缝内先压注水泥砂浆或其他化学浆液，再用水泥砂浆勾缝作为临时处理措施。若裂缝继续发展，可暂在拱腹内浇筑一层较厚的锚杆钢丝网水泥混凝土内衬，同时应查明裂缝产生的原因，采取相应的加固对策。

（3）若拱顶区段出现 1 ~ 2 道贯穿拱宽的裂缝，缝的两侧无明显的高差，但拱顶有较小的下降，则可作为墩台滑移或转动问题进行处理。可用环氧树脂处理裂缝，在拱脚处加设顺桥向预应力拉杆，减轻桥孔上的静载，或对应地加重邻孔的静载。

（4）若拱顶上凸且拱腹出现贯穿全拱宽的较细小裂纹和压碎裂纹，可考虑墩台滑移和台后土压力过大，此时需减轻台后土压力，增加桥孔上的净重及用钢筋混凝土加厚拱顶和拱脚断面，使拱圈基本归位后再用环氧树脂处理裂纹，并加以勾缝。

（5）若墩台、基础情况基本正常，仅拱圈出现不同程度的碎裂、边角断裂、脱落等破坏现象，可考虑为劣质材料、施工质量欠佳或超载所致，宜更换填料为轻质材料，增强桥面铺装的纵横向刚度以减轻或分摊负荷，并及时修复破损的拱圈。

（6）若拱圈出现顺桥方向的裂缝，墩、台帽或帽梁亦断裂，可考虑因墩台基础上下游沉降不均所致，应以处理基础为主。先处理裂缝，并配合在帽梁、墩台两侧加设顺水流方向的体外预应力钢筋,张拉后用砂浆加以覆盖。也可在拱圈的跨中的 1/4 处加设三道(或多道,视具体情况而定)钢板箍(钢板宽 6 ~ 8mm)或钢拉杆,用螺栓在拱底及拱侧钻孔锚固,并注意将锚固点设在拱圈厚度 1/3 处,锚固孔用膨胀水泥砂浆填塞。因施工质量不良造成的顺桥方向裂缝,可采用环氧树脂等化学浆液进行修补,或对施工不良的部位进行可能的改造。顺桥方向拱圈的各环之间开裂时,可在拱腹内钻孔压入环氧树脂等化学黏结剂或裂缝灌浆剂。

(7)若干砌拱圈的个别拱圈石压碎或小区段外凸,可将变异部分挖出,清除修补面上的附着杂屑并冲洗干净后压入不低于 C30 的混凝土。四分点区段有轻微外凸拉直时,可在该区段内钻出几个梅花形孔洞,压入 1∶2 水泥砂浆充填拱背,拱腹进行局部勾缝。当拱顶段出现下沉时,除钻孔压浆充填拱背外,在拱腹一定长度内还宜铺挂一层钢丝网并喷涂 2 ~ 5cm 厚的水泥砂浆。

(8)若侧墙产生水平方向的分离,则应开挖拱腔,将填料改为轻质填料或半刚性材料以及加厚侧墙断面。如在垂直方向产生位移,则可能是拱圈发生了较大变形,或跨径增大,在做好相应处理措施后对侧墙裂缝进行灌浆勾缝。

(9)若圬工肋拱因横向刚度不足,肋间结构产生断裂或两肋分离,除对裂缝给予粘贴钢板、勾缝补强维修外,还可在肋的四分点至拱顶区段增设预应力钢筋或钢筋混凝土横系梁,以加强两肋间的横向刚度。肋脚与墩台帽接触的顶面、两侧产生轻微裂缝时,可用环氧砂浆灌浆勾缝;严重的或有继续发展趋势的,可用粗钢筋、型钢错入墩台帽内,锚入长度应有足够深度,将钢筋或型钢用环氧黏结剂黏附于拱肋脚顶面、侧面,外用环氧混凝土覆盖,并在拱脚段加强横向联结。

(10)若墩、台帽面层出现被肋脚压碎现象,可将肋脚两侧横向锚入短节粗钢筋,并浇筑梯形混凝土扩大肋脚断面;若肋间的墩台出现竖直裂缝,可在裂缝处粘锚钢筋,其长度应为肋间距加三倍肋宽,外用环氧混凝土覆盖,并加强肋脚处横系梁刚度;若肋间的横向承重结构如拱波、微弯板等跨中出现断裂,可在用环氧砂浆嵌缝后,再在拱波(板)的顶面加铺钢筋混凝土板,同时减轻回填料的容重以符合原设计的要求;若腹拱的拱圈石、灰缝出现间断裂缝,或个别拱圈石有下坠趋势时,可用水泥砂浆嵌入裂缝并勾缝,对即将坠落的拱圈石两侧用环氧砂浆嵌入勾缝;若已设有伸缩缝,则可通过切锯排除其中阻塞物体;若因墩台下沉变位而引发拱圈破坏,则应重点考虑加固墩台。

附录 G　桥面系的养护

G.0.1　栏杆

栏杆往往因为车辆撞击而损坏,或受气候影响钢筋混凝土表面脱落。修理时,对于脱落可在表面抹一层水泥砂浆。如栏杆被撞断,要先安设临时防护设施以保证行人和行车安全,修复时要按原状浇注栏杆。

G.0.2　人行道

铺装层预制块接头处往往容易产生裂缝,维修时可更换或者现浇;人行道板面的裂缝太多或起壳,应凿除重铺砂浆层,铺装前应将板面凿毛清洗干净,并选择阴天,在一天中气温较低时进行铺装,同时注意砂浆表面的保湿和养护。

G.0.3　缘石

如缘石裂缝较大,有隆起、剥落现象或被车辆撞损,应凿开装模重浇。

G.0.4　路灯

如有歪斜、缺损应及时修理扶正,灯光损坏要及时更换。桥上电路要暗藏好,设置在行人、小孩触摸不着的地方,并经常检查,防止意外事故发生。

G.0.5　桥上交通标志和标线

反光标志的反光膜和反光漆,如有缺损或污垢,应及时添加和清理。

G.0.6　行车道伸缩缝

经常养护行车道伸缩缝,清除缝内泥沙等沉积物,收紧螺栓,使其发挥正常作用。如有损坏和老化,应修复或更换。

G.0.7　桥面铺装

沥青混合料桥面铺装出现表面碎裂或脱皮、拥包、波浪、坑槽等现象,当损坏面积不大时,应将破损部分凿除,进行局部修补;损坏较大,可将整跨铺装层凿除,重铺新的铺装层。水泥混凝土桥面出现断缝、露骨、剥落等病害时,应及时处治;损坏面积较大时,应整块或整跨、整桥凿除,重新铺装。桥面防水层如有损坏,应同时修复。

一般不得在原桥面上直接加铺,以免增加桥梁恒载。

G.0.8　桥面排水设施

桥面的泄水、排水槽如有堵塞应及时疏通,泄水管下端应露出不少于10cm。桥面行车道、人行道应经常打扫保持清洁,及时排除积水。特别是靠近乡镇的桥梁,桥面上弃物较多,容易造成排水管堵塞,形成桥头路堤冲沟,损坏路基,应随时进行巡视清理。

附录 H　调治构造物的养护

调治构造物包括导流堤、梨形堤、丁坝、顺坝和格坝等，应经常保持完好的技术状况，引导水流均匀、顺畅地通过桥孔，防止和减少桥位附近河床和河岸的不利变迁，保证桥梁和桥头引道、河岸的安全和稳定。

H.1　调治构筑物的养护

对需要增设和改善调治构筑物的桥梁，应查明水文、河床与调治构造物的变化等情况，并作记录，主要包括下列内容：

(1)桥位处河床状况：包括河槽对桥梁的相对位置、宽度、弯曲状况，河滩的宽度、土质；有无沙洲、冲击层、支流、水塘和冲刷坑，以及植物覆盖和航行情况。

(2)各种水位高程：包括历史洪水位、常水位、枯水位、流冰高水位、流冰低水位，以及观测的日期。桥墩上有无常设的水位标尺，是否鲜明完好，其零点高程与国家水准点的高程是否相同，桥台上游侧面有无当年的最高水位的标记。

(3)洪水通过形态：包括流速、主流方向及流量；有无涡流、斜流、流速不均匀、沉积不规则；水流是否偏离正常通道，以及有无漂浮物等。

(4)结冰及流冰状况：结冰时间，封冰时间，解冰时冰层厚度及冰色变化，冰层初期移动时间，流冰开始及持续时间以及流冰密度，冰块尺寸。

(5)调治构造物工作状况：是否能正常发挥调治功能，着重检查桥下有无冲刷、淤积继续发生。

洪水前后巡视并及时清除调治构造物上的漂浮物。

导流堤、梨形堤、丁坝或顺坝的边坡受到洪水冲刷和波浪、流水冲击，坡脚发生局部破坏时，应及时抛填片石防护。

应河道改变而添做的护岸工程，容易被洪水冲刷，应严密注意坡面有无变化，基础是否牢固，发现缺损应及时处理。

在河岸边，可栽植适水性的植物加以防护，如杨柳、竹子等。

H.2　调治构造物的维修与加固

根据需要，将临时性的竹木、铁丝石笼等调治构造物有计划地改成浆砌块石或混凝土永久性结构。

砌石的调治构造物，由于遭受漂浮物的撞击，发生基础冲空、砌体开裂等，应立即修理。

如调治构造物的边坡不足以抵御流水冲击，应进行加固。加固的高度，淹没式的应加固至坝顶；非淹没式的应高于设计洪水位以上至少 50cm。

通过一定时期的观察，发现调治构造物的位置不当，或个数、长度等不合理，不能发挥正常作用时，应在洪水退后进行改善。

河床冲刷严重危及墩台基础时，视实际情况，分别进行下列处治：

(1)河水较浅时，在枯水时期结合墩台基础修理要求，对河床作单层或双层片石铺砌。

(2)河水较深，施工困难的，可用沉柴排、沉石笼或抛石护基等方法。

(3)如流速较大或河床纵坡过大，冲刷很严重的不通航小河流，可在下游适当地点修筑拦沙坝，以缓和流速，使河床断面逐渐恢复原状。

(4)当河道变迁，流向不顺，或因桥梁上下游河道弯曲，形成斜流或涡流危及桥梁墩台和基础、桥头引道时，应因地制宜地增设导流坝、丁坝等调治构造物，以维护桥头河床稳定和桥梁安全。

参考文献

[1]《关于印发农村公路建设指导意见的通知》(交通部文件　交公路发[2004]372号).

[2]《山东省农村公路条例》(2008年9月).

[3] 范立础.桥梁工程.第二版[M].北京:人民交通出版社,2012.

[4] 邹永廉.测量学[M].北京:人民交通出版社,1986.

[5] 中华人民共和国行业标准.公路桥涵设计通用规范(JTG D60—2004)[S].北京:人民交通出版社,2004.

[6] 中华人民共和国行业标准.公路圬工桥涵设计规范(JTG D61—2005)[S].北京:人民交通出版社,2005.

[7] 中华人民共和国行业标准.公路钢筋混凝土及预应力混凝土桥涵设计规范(JTG D62—2004)[S].北京:人民交通出版社,2004.

[8] 中华人民共和国行业标准.公路养护技术规范(JTG H10—2009)[S].北京:人民交通出版社,2009.

[9] 中华人民共和国行业标准.公路桥涵养护规范(JTG H11—2004)[S].北京:人民交通出版社,2004.

[10] 中华人民共和国行业标准.公路桥梁技术状况评定标准(JTG/T H21—2011)[S].北京:人民交通出版社,2011.

[11] 中华人民共和国行业标准.公路桥梁加固设计规范(JTG/T J22—2008)[S].北京:人民交通出版社,2008.

[12] 中华人民共和国行业标准.公路桥涵施工技术规范(JTG/T F50—2011)[S].北京:人民交通出版社,2011.